절망을 희망으로 바꾸는

한국인의 힘 1

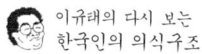
이규태의 다시 보는
한국인의 의식구조

절망을 희망으로 바꾸는

한국인의 힘 1

이규태 지음

좋은 책 좋은 독자를 만드는
㈜신원문화사

머리말

　기원전 5, 6세기 무렵의 그리스는 생산성도 형편없었고, 또 인근 주변에 비하여 문화도 뒤떨어져 있었다. 단지 경제적으로나 문화적으로 번영했던 이웃 페르시아와의 경제 교류, 문화 교류로 자국의 문화를 구축하고 번영을 유지할 수 있었다. 그렇지만 그리스 인들은 페르시아에 대해 전혀 열등감을 갖지 않았다. 그리스에는 우수한 언어문화가 있기 때문이요, 민주주의 때문이며, 용모나 체격이 뒤지지 않았기 때문이라는 등 여러 가지 이유를 들 수 있으나 그것들은 지엽적인 이유일 뿐이다.
　그 근원이 되는 이유는 바로 그리스 인들이 잘났건 못났건, 뒤지건 앞서건, 우세하건 열등하건 아랑곳없이 그들만의 사고방식이나 행동방식, 그리고 의식주를 포함한 모든 문화에 긍지를 갖고, 나름대로의 동일성에 외래의 우세한 문화를 발전적으로 수렴했기 때문이다.
　우리나라를 한번 살펴보자. 그동안 우리는 한국과 한국인의 동일성에 긍지를 가졌던 시기가 있었던가? 삼국 시대에는 당唐나라에, 고려 시대에는 원元나라에, 조선 시대에는 명明나라에 열등감을 가졌고, 개화기 이래로는 서구 문화에 열등감을 느끼며 오늘에 이르렀다.
　한국 사람이 한국 사람답다는 것을 증명할 수 있는 동일성을 헌신짝 버리듯 버렸고, 우세한 사대 문화에 동화하고자 몸부림쳤고, 현재도 그 역사적 연장에서 예외가 아니다.

그 오랜 역사의 시행착오로 얻은 확신이 있다면 우리 한국인은 어디까지나 한국 사람이지 결코 미국 사람이나 프랑스, 일본 그리고 서구 사람처럼 되지 않는다는 사실이다. 외모는 물론이요, 언어, 문화, 생활, 사고방식, 감정까지 그들과는 근본적으로 다르며, 아무리 양복을 입고 커피를 마시며 외국어를 사용한다 해도 한국인일 수밖에 없는 것이다.

그렇다면 우리가 한국인이게끔 하는 억세게 강한 동일성이란 도대체 어떤 것인가? 우리는 그것을 지녀왔고 또 지금도 지니고 있으면서도 그것이 무엇인지 확실히 모르고 살고 있다. 다만 세상이 해가 다르게 국제화됨으로써 잡다한 외래성과 부딪치게 되자 동일성이 어렴풋이나마 떠오를 뿐이다.

그 한국인을 한국인답게 하는 존재 가치요, 외국인과 다른 한국인만의 모든 행동과 특성을 지배하고 좌우하는 사고방식의 동일성만을 추리고 닦고 분류하여 한국인의 의식구조라는 테두리 안에 재구성한 것이 바로 이 책이다.

또한 일상생활 속에서 외국 사람들과 다른 한국인의 행위를 유별하여 비교의 틀을 정하고 왜 한국 사람에게 그 같은 의식구조가 형성됐는가를 자연, 풍토, 역사, 전통, 문화, 생업 등에서 원인을 찾아보고 그 의식구조가 정치, 경제, 사회, 문화, 교육, 경영 등 각 분야에 발전적으로 이용될 수 있는 가능성을 제시하고 있다.

  오랜 시간이 지나는 동안 독자들의 성원으로 초유의 판쇄를 거듭한 《한국인의 의식구조》를 변화하는 독서 환경 및 새 천년의 독자들을 위해 내용 일부를 정리해 참신하게 편집, 새로 발간하는 것임을 아울러 밝힌다.

2000. 5

홍순직

《한국인의 의식구조》에 숨은 '한국인의 힘'을 찾아서

세상에 한국인처럼 무한한 잠재력을 가진 민족은 없다. 어떤 불행이 닥쳐도 당황하거나 비탄하지 않는 강한 내면의 소유자, 슬픔조차도 눈물로 승화시켜 해소하는 힘을 가진 민족이 바로 우리 한국인이다. 그 무한한 잠재력을 일찍부터 강조해온 이가 바로 이규태 선생이다.

모두가 힘들다고 말하는 이때야말로, 한국인이 가진 역경을 이기는 불굴의 의지와 타인을 배려하는 따듯한 정, 외세에 굴복하지 않았던 도도한 선비정신 그리고 끈기 있는 깡과 무한한 잠재의식을 밖으로 표출시켜 새로운 한국인의 힘을 일으켜야 한다는 생각을 했다.

그리하여 이러한 잠재력을 이미 알고 평생 알리고자 애썼던 이규태 선생의 글을 다시금 새롭게 선보이고자 한다. 유족들의 동의를 거쳐 선생의 정신을 해치지 않는 범위 내에서 어려운 낱말들을 쉽게 풀어쓰는 작업도 함께 병행하였다.

부디 이 글을 통해 이규태 선생이 말하고자 했던 우리의 강한 정신력이 다시금 되살아나 한국인의 좌표를 잡는 정신적 밑천이 되었으면 하는 바람이다.

신원문화사 대표

| 차 례 |

머리말 4
〈한국인의 의식구조〉에 숨은 '한국인의 힘'을 찾아서 7

CHAPTER 01 한국인의 따듯한 정

한국인이라면 느끼는 정 14
가족을 가장 중심에 두는 나라 19
흐르지 않는 눈물 22
미안함이 많은 민족 28
의리보다는 인정 31
거울을 나누어 갖는 로맨스 35
한국인은 잔치 체질 40
미국에는 '사랑', 한국에는 '정' 43
너무도 비타산적인 관계의 한국인 46
〈진달래 꽃〉에 숨겨진 한의 정서 52
꽃의 아름다움보다는 격조와 절조를 55
사랑의 일원론과 이원론 61

CHAPTER 02 한국인의 끈기 있는 깡

지나친 행복은 부덕 **70**
재물을 탐하지 않는 선비정신 **75**
자면서 일하고 일하면서 자고 **79**
밥 먹는 손이 부끄러운 한국인 **83**
한국인의 10년은 중국인의 100년보다 길다 **87**
인간경영의 비타민화 **91**
15분 간격의 체내 시계 **95**
시간의 경제적 가치 **99**
뭐든지 빨리빨리 해야 안심 **102**
"낫 마이 비즈니스!" **107**
빨리, 더 빨리 먹어야 미덕 **111**
가난해지려고 노력해도 유지되는 부의 비결 **116**

CHAPTER 03 한국인의 도도한 정신

끼니를 굶을망정 인격이 우선 **120**
어찌 하찮은 세숫대야에 절을 할 수 있겠는가 **122**
목숨보다 소중한 체면 **125**
마지막 남은 고기 한 점의 의미 **128**
물질보다는 권위나 명예가 우선 **131**
선물은 공동체 의식의 발로 **135**

하물며 기생도 그토록 명예를 소중히 여겼는데…… 141
할아버지의 자학적 교육 방법 147
몸이 고달파야 효도의 미덕 151
자신을 낮추어야 마음이 편하다니 155
명예를 안겨주는 한국인의 자살 160
'충'보다 '효'가 한 수 위 163
육체 훼손을 거부하는 한국인 166

CHAPTER 04 한국인의 독특한 개성

개성 있는 한국인의 재발견 170
뺨 맞고 웃는 한국인 172
'예술'이 아니라 '풍류' 175
붉은 동백꽃이 주는 슬픔 178
애매모호하게 대답하는 안개 전치사 181
한국인의 잡식문화 185
한국인과 미국인의 스트레스 해소법 187
동서양의 다른 비축 심리 193
배타성이 결여된 공간의식 198
한국인의 재미있는 중개문화 203
한국인과 미국인의 감기 처방법 207
'개인'보다는 '사이'의 가치가 지배하는 사회 209

CHAPTER 05 한국인의 무한한 잠재의식

핵에너지를 품고 있는 민족 216
인간적이라 더 멋진 한국인 220
눈은 작고 담은 크고 223
외래문화도 주인처럼 받아들여 227
한국인과 자연은 끈끈한 관계 230
인공도 반자연화 시키는 한국의 자연 234
환경과 조화를 이루는 민족 237
여성의 목소리가 드높은 나라 243
너무도 인간적인 경영관리 248
뽕도 따고 임도 보는 묘미 252
시각보다는 촉각이 중요한 민족 256
세계적인 한국인의 동류의식 260

CHAPTER 01
한국인의 따듯한 정

Chapter 01
한국인이라면 느끼는 정

한국인에게 소중한 인간관계를 이상적으로 유지하는 데 필요한 정서적 요인 가운데 중요한 자리를 차지하는 것이 '정情'이다. 즉 정은 한국인이 인간관계 유지를 위해 재발견해야 할 심정적 자원資源이라 할 수 있다.

장미꽃 향기를 맡으며 과거를 떠올릴 때, 누가 맡던 그 향기야 같겠지만 뒤따라 떠오르는 회상은 사람에 따라 다르다. 장미 꽃다발을 선물 받았던 과거를 떠올리며 미소 지을 수도 있지만, 장미꽃 때문에 큰 손해를 본 일이 있는 꽃집 주인이라면 앞이 캄캄했던 절망의 순간을 떠올릴 수도 있을 것이다.

프랑스 철학자 베르그송은 이렇게 말했다.

"장미의 향기는 일정불변한 것, 만인에게 공통된 유개념類概念이 현실적으로 존재하는 것이 아니라 내용을 달리한 개개의 향기가 있을 따름이다."

장미의 향기처럼 인간의 정서 역시 일정하지 않고 문화권이나 민족의 환경, 여건에 따라 개개인에게 서로 다른 정서로 나타난다. '정'이라는 정서도 그렇다. 정이 한국인 고유의 정서가 아닌 것은 마치 장미 향기가 특정인의 고유한 향기가 아닌 것과 같은 이치지만, 정이 가진 한국인다운 동일성 때문에 여느 외국인의 그것과는 어떻게든 달라져 있는 것이다.

영어 단어를 살펴봐도, 정과 비슷한 단어는 많지만 꼭 들어맞는 영어 단어는 없다. 'sympathy(동정)'는 '고향 산천에 정들었다'는 뜻을 표현할 수 없다. 'affection(애정)'은 고운 정은 나타낼 수 있을지 모르지만 미운 정은 표현할 수 없고, 'mercy(자비)'는 '정다운 광경'이 가지는 정겨움을 표현하기에는 미흡하다. 'benevolence(박애)'는 정보다 그 범위가 크고, 'love(사랑)'는 정보다 농도가 짙으며, 'compassion(연민)'은 정보다 부피가 작다.

'love'가 정에 가장 유사한 말 같긴 하다. 정든 임은 사랑하는 임이요, 정든 고향은 사랑하는 고향일 수 있으니까. 하지만 사랑하는 임과 정든 임은 겉은 같아 보여도 그 속이 다르다. 사랑하는 임은 사랑한다는 일방적인 자의의 의사 표시인데 비해, 정든 임은 상대적인 관계에서 우러나 있는 객관적 존재의 일컬음이다.

또한 사랑과 정의 차이는 사랑하는 대상과 정든 대상의 차이에서도 완연하다. 이를테면 고향의 길바닥에 튀어나온 돌부리 하나, 고향 냇물의 디딤돌 하나에 정들었을 때, '정든 돌부리'니 '정든 디딤돌'이라고는 할 수 있지만 '사랑하는 돌부리'니 '사랑하는 디딤돌'이라고는 하지 않기 때문이다.

이상 열거한 정에 해당되는 영어의 뜻도 정의 복합된 작은 일부분일 뿐 정을 통째로 대변하지는 못한다. 그런 의미에서 '정'은 한국인이라는 존재를 증명하는 정서의 동일성 가운데 하나가 아닐 수 없다.

그런데 왜 유독 한국인에게 정은 그토록 크고 알차게 성숙됐을까.

정은 혼자 있을 때, 또는 고립돼 있을 때는 우러날 수 없다. 어디까지나 어떤 '관계'가 있어야만 우러나는 감정이다. 그래서 정은 상대적 산물이다. 관계에서 우러나는 것이긴 하지만 그 관계의 시간적 지속과 밀접한 연관이 있다. 이를테면 순간적인 관계나 잠깐 동안의 관계 같은 단시간의 관계에서는 우러나지 않는다. 첫눈에 반한다고 하듯이 사랑은 순간에도 촉발되지만 정은 그렇지 않다. 얼마 동안 시간의 지속적인 관계를 보내야만 우러난다. 비록 그 관계가 굳이 사람이 아닌 짐승이나 나무, 산천일지라도 지속적인 관계가 유지되면 정이 생긴다. 정의 발생 빈도나 농도는 관계의 지속 시간과 비례한다.

그렇다면 어느 한 민족이 정에 성숙하다는 것은 관계가 지속될 수 있는 여건이 보장되었음을 의미한다. 여기저기 떠돌아다니는 이동성 생업을 가진 문화권에서는 잦은 이동 때문에 관계의 지속이 어렵다. 때문에 정이 깃들 수 있는 여지가 적다.

  반면, 정착성 사회에서는 한 공간에서 조상 대대로, 또 일생의 거의 전부를 더불어 살기에 상대적으로 관계의 지속 시간이 길어진다. 내가 태어나기 이전부터 있었고, 내가 죽어 사라진 후에까지도 지속되는 생사를 초월한 지속이다. 따라서 정착 사회일수록 정이 깃들 여지가 얼마든지 있고, 그 민족에게는 정이 성숙하게 된다.

  한국은 농경 사회로 정착이 기반이 되었으며, 이 정착 촌락 공동체라는 소우주 속에서 모든 것을 자급자족하고 살았다. 따라서 소금 같은 극소수의 품목 이외에는 굳이 이동해서 입수할 만한 필수품이 없었던 것이다. 그나마 소금장수나 땜장이 같은 상인이나 직공이 그 공동체를 방문하여 수요를 충족시켜 주었기 때문에, 태어나서 죽을 때까지 마을 밖에 나가지 않아도 되었고, 또 그렇게 살다 죽는 사람도 적지 않았다.

  농경이 정착하기 시작한 11세기 이전까지 유럽의 주된 생업은 이동이 기본이 되는 유목이었다. 농경을 시작한 이후에도 상업이 발달하여 교역이 왕성했으므로, 여전히 유동적인 사회를 이루어왔던 것이다. 따라서 '정'이 성숙할 기회가 한국에 비해 적었다.

  '정'의 또 다른 발생 요인으로는 집단성을 들 수 있다. 집단성의 반대 개념은 고립성이요, 개인성이다. 집단성이 강한 사회는 접촉 빈도가 높고, 개인성이 강한 사회는 접촉 빈도가 낮다. 물체가 마찰하면 열이 일어나고 전기가 발생하듯이, '정' 역시 상대적 마찰에서 생긴다. 개인주의가 발달하고 자신의 주장이나 권리만을 주장하는 독불장군들이 들끓는 사회에서는 정이 발생할 여지가 형성되지 않는다. 집단의 의사는 개인의 의사를 수렴시켜 그 집단의 일원으로서 조화를 이루고, 공존을 모색할 때 정이 생긴다.

비록 나 개인의 의사와는 상반되지만 상대방의 이치나 처지를 이해하고 나의 의사를 양보하는 그런 집단주의에서라야 정이라는 '정신적 균'이 길러진다. 부부라는 집단, 가족이라는 집단, 직장이라는 집단, 촌락이라는 집단에서 유별나게 자신만을 내세워 우겨대거나 고집하는 사람에게는 대체로 정이 붙지 않는다. 상대방이 잘못했다고 판단되더라도 내가 잘못했다고 말함으로써 개인을 집단 속의 개인으로 녹일수록 정이 가고, 정이 붙는 이치가 될 것이다.

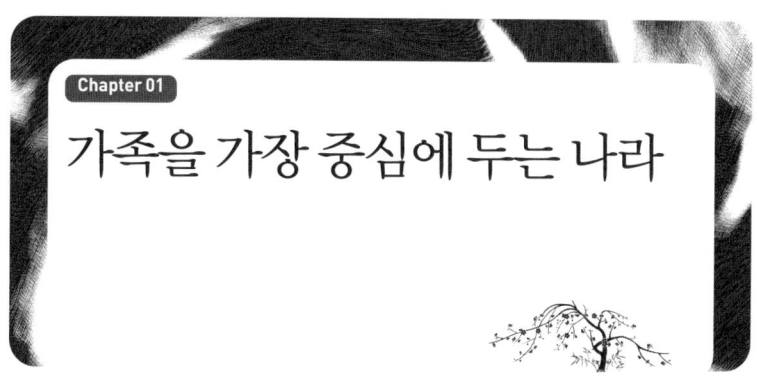

Chapter 01
가족을 가장 중심에 두는 나라

'인간人間'이란 낱말을 구조적으로 살펴보자. 즉 주체인 사람[人]이 어떤 객체와의 사이[間]일 때 인간일 수 있다는 말이다.

'나'란 사람은 혼자 존립할 수 있는 것이 아니라 이성과의 사이, 가족과의 사이, 민족과의 사이, 공동체와의 사이, 나라와의 사이 등 수많은 객체와의 '사이'로 파악되고 존립하는 것이다.

민족에 따라서 어떤 객체와의 사이가 다른 여타 객체와의 사이보다 한결 소중하고 또 덜한 차이는 생긴다. 가령 아버지와의 사이를 소중히 여기는 민족이 있고, 아버지와의 사이보다 공동체와의 사이를 더 소중히 여기는 민족이 있다.

어떤 민족은 풍토적·체질적 여건 때문에 가족과의 사이가 나라와 사이보다 더 소중한 민족이 있는 반면, 민족을 가족보다 우선시하는 민족도 있다.

그렇다면 우리가 속한 한민족이 가장 소중히 여기는 사이의 객체는 무엇일까? 또한 그 소중함의 비중은 어느 만큼인지를 한 번 파악해볼 필요가 있다. 어쩌면 이것이야말로 한국인을 알고 역사를 아는 가장 핵심적 관건이 될 것이기 때문이다.

서양 문화의 원천인 고대 그리스 사람들은 폴리스(도시국가)가 가장 소중한 사이의 객체였다. 지리적으로 해적이나 외침 앞에 항상 노출되어 있었기에, 폴리스의 존망이 그들 자신의 존망과 직결되어 있었기 때문이다.

사막에 사는 사람들에게는 가족보다 부족이 한결 더 소중하다. 왜냐하면 유목 생활은 가족 단위로 옮겨 다닐 수 있는 것이 아니라 부족 단위로 옮겨 다닌다. 가족의 규모로는 가혹한 사막이라는 환경에서 일어날 수 있는 모든 변수를 당해낼 재간이 없기 때문이다.

이스라엘 민족이 그토록 유대인이라는 부족에 집착을 하고 집념을 갖는 것도 그들이 사막에서 살아온 유목민이기 때문인 것이다.

실크로드를 횡단하면서 아프가니스탄의 쿠치란 유목민을 만나 취재한 일이 있는데, 이들에게서는 아프가니스탄 국민이란 의식을 조금도 찾아볼 수가 없었다. 그들은 국민으로서의 모든 의무나 권리를 철저하게 거부하며 떠돌았다. 그러기에 아프가니스탄의 법률에 구애

받지 않고 철저하게 쿠치란 부족의 율법에 얽매여 있었다.

그들의 제례 절차에는 인신 희생이 있으며, 그때 자기 아들을 바치는 것을 영광으로 생각하고 앞 다투어 죽음의 제단에 자기 자식을 끌어다 얹어놓는 것이다. 그들에게 국가나 가족과의 사이는 부족과의 사이에서 갖는 가치관에 비하면 거의 무시될 정도였다.

한국인은 어떠한가? 한국인은 가족과의 사이에 그 무엇보다 강한 중심을 둔다. 몬순기후 풍토의 민족에게 공통적으로 나타나는 경향이긴 하나, 한국의 가족 중심주의는 일본이나 중국보다 한층 더 중심적이고 철저하다.

한국인은 가족 외적인 공동체를 위해서는 이기심을 희생하기 싫어하지만 가족 사이에서는 이기심도 쉽게 희생하는, 아마도 세계에서 가장 극단적인 민족일 것이다.

부모를 위해 또는 집안의 명예를 위해 목숨을 버린 역사적 사실을 아주 쉽게 찾아볼 수 있으며, 또한 이러한 죽음을 가장 훌륭한 죽음으로 평가해왔다. 가족을 위해 희생하는 것을 삶의 보람으로 알고 누구보다 열심히 살아온 수많은 한국인이 우리 경제를 이끈 견인차는 아니었을까?

Chapter 01
흐르지 않는 눈물

　서울 서대문 밖에 '눈물의 다리'란 옛 지명이 남아 있다. 지금은 복개되었지만 예전엔 작은 개천에 나무다리가 걸쳐 있었고, 그 다리를 예부터 그렇게 불러왔던 것이다. 고서를 뒤지다가 우연히 이 눈물의 다리가 '누교泪橋'라 한문 표기가 돼 있는 것을 보고 무척 흥미롭다고 생각했다.

　사전을 찾아보니 '루泪'자는 눈물 '루涙'와 같은 뜻으로 음도 같았다. 왜 같은 뜻, 같은 음인데 굳이 글자를 달리 써야 했을까. 꼭 그럴 만한 이유도 없이 같은 뜻, 같은 음을 뜻하는 글자가 두 개나 필요 했을까. 나의 의문은 가지가 돋아 나갔다.

　'루涙'자는 상형象形으로 미루어 흐르는 눈물 형상이다. 눈 모양의

'호戶'자 아래 눈물방울을 연상시키는 점이 있고, 그 점 아래 큰 '대大' 자로 흐르는 눈물 자국 같은 형상이 있어 복합된 인상을 준다. 곧 줄줄 흐르는 눈물의 루淚인 것이다.

그렇다면 흐르는 눈물과 구별해야 하는 눈물은 어떤 것일까. 의외로 답은 간단했다. 흐르지 않는 눈물이다. 눈물이 나긴 했는데, 눈의 경계를 넘어 흐르지 않고 고여 있는 상태의 그런 눈물이다. 물 '수水' 변이 눈물이 흐르지 않는 상형으로 '루汨'자는 설명이 된다. '루汨'는 곧 흐르지 않는 눈물을 뜻하는 글자인 것이다.

그럼 누교汨橋는 어떤 사연의 다리이기에 눈물이 흐르지 않게 울어야 했던 것일까. 이 누교 건너편이 바로 서소문 형장刑場이었다. 1801년, 1838년, 그리고 1866년에 걸친 천주교 대박해 때 순교한 수많은 천주교도들이 처형되었던 바로 그 형장이다.

지인의 가족이나 친지들은 이 다릿목에서 이별을 해야 했다. 처절한 죽음의 비명 소리에 귀를 막고 몸부림을 치던, 바로 그곳이다. 처형이 끝나고 다리께로 실려 오는 시체 앞에 달려가 쓰러져 울고 또 울던……. 바로 그런 다리였다. 산 자와 죽는 자의 한계를 그었던 다리, 이승과 저승의 경계이던 다리…….

그래서 눈물의 다리였다.

한데 누교汨橋라 이름한 그 어느 한국인의 관찰이 얄밉도록 원망스럽기만 하다. 왜 정든 자와 사별하는 그런 극한 상황에서까지 한국인은 눈물을 흘리면 안 되었던가. 마냥 복받쳐 나와 눈망울 속에 금방이라도 넘쳐날 듯한 그 눈물을 흐르지 못하도록 억제하는 한국인의 의지는 무엇인가.

눈물이 솟지만, 눈꺼풀로 억제한다. 흘려버리면 전혀 다른 상황이 벌어질 것이므로, 그 긴장된 순간을 이전의 상황으로 유보하려는 노력이다. 흘려버리기는 쉽다. 그것은 편한 노예를 포기하고 고된 자유를 택하는 행위와 같은 것이다. 눈에 가득히 담아둔 그런 루泪, 거기에는 의지가 들어 있어 아름답다.

정든 사람과 이별한다. 이별의 눈물은 아무래도 흘리지 않는 편이 여운을 남긴다. 흘려버리면 정든 자와의 완전 투사投射요, 자기 무화無化를 뜻한다. 흘리지 않는다는 것은 정든 자로부터 떠난 자기를 발견하고 우는 것이다. 실패한 사람에 대한 청춘의 소모, 자신에의 회한이 깃든 의지가 있는 울음이다. 그러기에 눈물은 루淚보다 루泪 쪽이 한결 더 어렵고 철학적이다.

옛 한국의 여인들은 결코 눈물을 흘리며 우는 법이 없었다. 흘린 눈물은 손수건으로 닦아버릴 수 있지만, 흐르지 않은 눈물은 옷고름 끝이나 행주치마 끝으로 살며시 누르는 눈물이다. 그녀들에게 손수건이 아예 없었던 것도 눈물을 흘려가며 우는 법이 없었기 때문이다.

나는 어렸을 때 무척 병골이었다. 수년 동안 어찌나 앓았던지 어머니는 내가 살아나리라고는 생각지 못했던 것 같다. 어느 겨울밤의 일이었다. 높은 열에 시달리다 눈을 떴더니 곁에서 바느질을 하고 계시던 어머니가 이전에는 듣지 못했던 잡가를 나지막하게 부르고 있었다. 그건 노래라기보다 선율의 오르내림도 없는 단조로운 소리에 불과했다.

여덟 살에 칠 년을 병들었으니
돌아가 눕는 것이 너는 아마 편하리라.
가엾다, 눈 내리는 이 밤에
어미를 떠나서도 추운 줄 모르는구나.

물론 어머니는 내가 눈을 뜬지도, 또 그 노래를 듣는지도 모르고 있었다. 아니 나를 보았다 해도 전혀 보이지 않았을 것이다. 왜냐하면 어머니의 눈에는 눈물이 가득 고여 있었기 때문이다.
 그 눈물이 바로 '루淚'다. 후에 안 일이지만 이 노래는 장단에 사는 허 씨라는 부인이 병골이어서 죽은 자식을 그리는 노래로, 서도나 남도 잡가로 은연중에 널리 퍼져 있었다.
 내가 젊었을 때, 뤼케르트의 시 〈죽은 아이를 기리는 노래〉에다 구스타프 말러가 관현악을 붙인 동명의 교향시곡을 들으면서 어머니의 '루淚'를 생각하며, 내 눈에도 '루淚'가 맺혔던 기억이 아직까지 선명하게 남아 있다.

내 친구 가운데 연애결혼을 했다가 이혼한 친구가 있다. 그 친구는 이혼 후 바로 재혼을 했지만, 그 아내는 여생을 혼자 살 결심을 한 것인지 독신으로 살고 있었다. 그런데 어느 해 봄, 친구는 재혼한 지 7년 만에 새 아내와 사별을 했다. 하지만 내가 장례식에 가서 놀랐던 것은, 새 아내의 갑작스런 죽음 때문이 아니었다. 그곳에는 이혼을 한 전처가 3일장을 치르는 동안 꼬박 부엌에서 설거지 일을 돕고 있었다는 사실이었다.

밤샘하는 자리에서 누군가 역시 그 광경을 보고 놀라워하며 말했다.

"저런 여자는 처음 봤어. 어떻게 저럴 수가 있을까?"

"글쎄 말이야, 자기를 버린 남자를 위해 저렇게 슬퍼하며 일을 하고 있다니!"

누군가가 맞장구를 쳤다. 이 말을 뒤에서 듣고 있던 한 노파가 끼어들며 말했다.

"아녀, 전남편을 위해 우는 것이 아니라 죽은 후처가 불쌍해서 우는 것이여. 애써 붙든 한 여자의 행복이 짧게 끝난 것이 슬픈 게여."

자신을 버린 남편이 불쌍해서 운다는 것도 이해할 수 없고, 또 자신의 자리를 대신한 여자가 불쌍해 운다는 것 역시 이해할 수 없는 일이었다. 그러나 혼자서 눈물을 훌쩍이며 장례식 뒷바라지를 한 것은 사실이었고, 이 눈물의 의미는 의문으로 남아 있었다.

그 후 세월이 흘러 우연히 그녀를 만날 기회가 있어 궁금증을 참지 못하고 물어보았다. 그랬더니 그녀가 웃으면 말해준 답은 나의 생각을 뛰어넘는 것이었다.

"두 분 다 틀렸어요. 내가 운 것은 피에로의 눈물입니다. 젊은 아내에게 자신의 자리를 내준 것은 나의 패배가 아니라 내 인생의 짐을 홀가분하게 벗기 위한 자발적인 일이었어요. 그러니 장례식에 가서 일을 도와준 것도 아는 사람 집에 가서 도와주는 것처럼 아무 뜻도 없지요. 다만 일하는 동안 밤샘하는 손님들의 시선이 나에게 집중되고 보니 피에로와 다를 것이 없지 않겠어요? 왜 나란 여자는 항상 그런 입장밖에 놓이지 못하는가에 대한 자조적인 생각이 들자 눈물이 나더군요."

그녀의 눈물은 바로 자신을 위한 눈물이었다.

Chapter 01
미안함이 많은 민족

　테헤란을 경유하여 이스라엘로 가는 여객기 안에서의 일이었다. 테헤란 공항에 불시착하게 되었는데, 안전하게 착륙할 수 있는 확률은 10퍼센트밖에 안 된다는 비장한 안내 방송이 기내에 울려 퍼졌다.
　"이제 우리가 할 수 있는 일이라고는 하느님께 기도하는 일밖에 남지 않았습니다. 손님 중에 사제司祭의 경험이 있는 분은 나와서 기도를 주재해주십시오."
　간헐적인 비명과 흐느낌 속에서 기도가 시작되었다. 손님은 모두 백인이었고, 유일은 동양 사람인 내 옆에는 영국인 노부부가 앉아 있었다. 신이란 개념이나 기도가 체질화되지 않은 나로서는 우두커니 앉아 있을 수밖에 없었다.

"제발 두 손 좀 모아봐요."

옆에 앉아 있는 할머니가 겁에 질린 듯 기도를 권했다. 여객기가 공중 폭발이라도 하면 그 폭발의 책임을 기도하지 않은 이 이단자 탓으로라도 돌릴 것 같은 그런 안타까운 표정을 짓고 있었다.

"미안합니다. 기도할 줄 몰라서 그렇습니다."

"그럼, 내가 대신 당신 몫까지 기도를 하겠습니다."

할머니는 내 손바닥을 들어 강제로 맞추게 하고는 이단의 사마리아인을 위해서 기도한다며 주님의 말씀을 외는 것 같았다.

기도가 끝나고, 다가올 불행의 책임에서 나를 구제해준 이 할머니에게 감사하는 뜻에서 나는 "미안합니다"라고 말했다. 그러자 이 할머니는 이해할 수 없다는 얼굴로 "무엇이 잘못됐습니까?" 하고 되묻는 것이었다.

처음 '미안합니다'는 격에 맞게 썼는데, 두 번째 '미안합니다'는 '감사합니다'를 그렇게 말한 것으로 격에 틀린 말이라는 것을 순간 직감했다. 한국인은 미안하다, 죄송하다는 말을 자주 쓴다. 서양 사람들은 'Thank you!'를 자주 말하는 반면, 한국인은 '미안하다'는 말을 흔히 쓴다. 서양 사람들이 감사하다고 하는 대목에서도 한국인은 거의 미안하다고 하기 때문이다.

미안하다는 말은 상대방의 안정이나 평안을 깨트렸음을 사죄하는 말이다. 그러니 상대방의 친절에 '감사하다'는 말 대신 '미안하다'는 말을 한 것은, 그 친절 행위 때문에 행위자의 안정이나 평안이 깨졌을 거라는 뜻으로 받아들인 것이다. 이렇게 보면 감사하다는 말보다 상대방이 친절을 베푼 데 들어간 노력까지 통찰해 사죄하는 미안하다는 말 속에 보다 더 감사의 뜻이 많고 깊다고 할 수 있다.

상대방이 임의로 베푸는 친절조차 자기의 잘못 때문에 일어나는 상황으로 파악하는 한국인의 의식구조는, 겸손이라기보다 그러지 않으면 상대방의 호의를 잊어버리지나 않을까 하는 조바심과 두려움에서 비롯되었다고도 볼 수 있다.

감사하다는 것은 독립체 사이가 평등한 공정 거래이기에, 상하의 차등에 있는 의존적 인간관계로 구성된 한국 사회에서는 어딘가 버릇없게 들릴 수도 있다. 이 때문에 미안하다는 말을 빈발케 했을 것이다. 그것은 불초不肖, 돈아豚兒, 둔마鈍馬, 적자賊子 같은 자기 비하 습속에서도 엿볼 수 있는 성향이다.

자신을 독립체로 유지하지 않고 어떤 상대의 예속체로 유지하려면 상대방과 평등해서는 불가능하기에 자신을 비하하고 죄인시할 필요가 생긴 게 아닐까.

Chapter 01
의리보다는 인정

이 세상에서 한국인처럼 가족적으로 성숙한 민족은 없다. 이같이 진한 가족의식은 공공의식을 극도로 악화시키는 요인이 되기도 했다. 물론 그 가족과 공공 사이에는 의리라는 완충지대가 있긴 하다. 그러나 워낙 인정층이 붉다 보니 그 인정층의 반영으로 의리층이 불그레하게 물든 것으로 보는 편이 옳을 것이다.

이렇게 반영된 의리층과 제도적으로 의리가 형성돼 있는 일본의 의리층은 질적으로 다르다. 우리나라는 조선왕조 건국 초에 봉건제가 시도되려다 중단된 일 외에는 삼국시대 이후 내내 중앙집권제였다. 곧 통치 권력이 중간층 없이 직접 인정층의 대표자인 가부장에게 직결돼 있고, 가부장의 권력이 그대로 가족에게 미치는 권력 전달 구조를 천여 년 간 누려온 것이다. 그런데 일본은 메이지유신 이전까지는 그 중간에 봉건영주인 번주藩主가 절대권을 쥐고 있어 그 권력 앞에서는 천황의 권력도, 가부장의 권력도 약화될 수밖에 없었다.

그런 봉건 제도 아래서 가족 같은 소수의 친밀권을 유지하며 살아남기 위해서는 인정이라는 것을 접착제로 하여 다수의 사람과 결합한 의리를 기틀로 하지 않을 수 없었다.

가족 단위로 농사를 짓고 살았던, 인정권 안에서 살아가는 한국인은 집 밖으로 나가면 완전히 '이방인'의 세계로 나가는 것이 되고, 서로 간에 친밀도는 떨어질지 모르지만 의리로 결합된 일본인은 집 밖으로 나가면 '다수 속의 하나'로 횡적인 유대를 갖게 된다.

인정권을 일단 벗어나면 한국인끼리는 원심력이 작용하는 데 비해, 일본 사람들에게는 구심력이 작용하는 것은 의리에 길들어 있기 때문이다. 또 비록 반전사상을 품고 반체제 사상을 품었더라도 일단 전쟁이 일어나면 총력전을 할 수 있는 것도 의리로 길들어진 구심력 때문일 것이다.

한국에서 가족 외적인 요인으로 결속하는 길드의식이 싹튼 것은 겨우 보부상이나 백정·물꾼(물을 지게로 지어 나르는 머슴)·무당 같은 천대받은 계층인데 비해, 일본에는 조닝(町人, 상인)·쇼쿠닝(職人, 장인)이라 하여 가족 내적 결속보다 강한 가족 외적 결속이 크게 발달하였다.

백호 임제林悌가 개탄했듯이 중국을 둘러싼 사이四夷 가운데 북적北

狄·서융西戎·남만南蠻은 중국을 지배했거나 최소한 반항을 한 역사가 있는데, 오로지 한국이 속한 동이東夷만은 그런 엄두를 내본 적이 없었다. 그것은 제각기 흩어지는 원심력을 구심력으로 응집시키는 국가의식이나 주체의식이 발달할 수 없게끔 지정학적으로 불운이 숙명 지어 있었기 때문이다.

그러나 일본은 외딴 섬나라라는 지역적 조건 때문에 비록 원심력이 작용한들 섬을 둘러싼 바다라는 장벽에 부딪히다 보니 반사 구심력으로 되돌아와 구심체인 국가의식 아래 결집할 수 있었다. 이 같은 조닝 근성, 섬나라 근성이 그 나름의 의리관을 공고히 다져놓은 것이다.

'한국인은 따로따로 보면 똑똑하고 유능하지만 뭉치면 마음이 떠나 배반하고 약해진다.' 이 말의 뜻 역시 한국인은 인정권 안에서는 고도로 성숙돼 있으나 일단 그 밖으로 나가 공공권에 들어가면 제각기 타인이 되어 흩어지기 때문이 아닌가 싶다. 인정권 안에서는 집단 논리에 개체를 희생하지만, 밖에 나가면 집단 논리를 상실하고 개체 논리를 완강하게 내세우는 것이다.

옛날 우리 선비들은 탄핵을 받으면 그것이 부당하다 해도 보다 큰 차원에서 자신의 부덕을 인정하고 물러나는 것이 상례였다.

이를테면 선조 때 새로운 무비책武備策을 위해 명상 유성룡柳成龍은 신무기인 조총을 들여다 어전에서 시험 방포하며 그 위력을 선보였다. 이를 두고, 임금 앞에서의 방포는 아무리 그 명분이 떳떳하다 해도 도리에서 어긋난다 하며 박동현을 소두疏頭로 유성룡의 탄핵소가 올랐다.

물론 임금의 허락 아래 행해진 방비를 위한 계책을 실험하는 자리였으나, 유성룡은 그 탄핵이 지당하며 자신이 부덕했던 소치라 하여 사직서를 올렸다. 그리고 다시 부를 때까지 스스로 나오는 법이 없었다.

유독 한국 사람만이 그같이 높은 도덕적 경지를 실천할 수 있음은 선악·이해·의불의義不義를 초월하는 한국인의 억센 인정의식에 그 근원이 있기 때문이다. 이 의식은 좁아지는 지구촌에서 잘만 촉발되면 농축 우라늄의 핵에너지만큼 위력 있는 플러스적 가치를 지닌 황금알일 수도 있을 것이다.

Chapter 01
거울을 나누어 갖는 로맨스

《삼국사기》열전에 보면, 신라 진평왕 때 경주 율리栗里의 설씨녀薛氏女와 청년 가실嘉實의 로맨스가 기록되어 있다.

설씨녀의 노쇠한 아버지가 병역兵役 대상으로 변방에 징발 당했다. 병들고 늙어서 병역을 치르기 어려운 처지였으나 대역代役을 치를 아들이 없었다. 이때 설씨녀를 사모해온 가실은 가난하지만 행실이 훌륭한 청년으로 기꺼이 대역을 자원해 나섰다. 이에 감격한 노부老父는 가실에게 자기 딸과 혼약해줄 것을 청했다. 대역을 치른 다음 결혼하기로 하고 떠날 즈음, 설씨녀와 가실은 변심하지 않겠다는 서약의 신물信物로서 거울을 둘로 쪼개어 서로 하나씩 나누어 가졌던 것이다.

3년이 만기인데 6년이 되어도 돌아오지 않자 기다리다 못한 노부는 설씨녀를 다른 사람에게 시집보내고자 혼약을 하고 날을 정해버렸다. 이에 설씨녀가 가실과의 약속을 지키고자 도망 칠 것을 결심하고 가실의 애마를 붙들고 탄식하고 울 때 기적처럼 눈앞에 가실이 나타났다. 그러나 그는 알아볼 수 없을 만큼 변해 있었다. 이에 나누어 가졌던 거울을 맞춰봄으로써 서로를 확인하는 것으로 이 로맨스는 행복한 끝을 맺는다.

약속의 신물로 나누어 갖는 물건으로는 거울 말고도 칼이 있다. 고故 이홍식李弘植 박사의 논문 가운데 단검 약속의 유습을 가늠할 수 있는 한 대목을 인용해본다.

우리나라에서는 리본같이 생긴 십자형의 석기石器 유물이 각지에서 많이 발견되었는데, 그것이 어디에 어떻게 사용된 것인지 오랫동안 알지 못했다. 그런데 후에 낙랑 유적에서 이와 똑같은 청동 제품이 나왔고, 그것이 청동검의 자루 끝에 장식된 부속품이라는 것을 알 수 있었다. 이 십자형의 칼자루 토막이 많은 것에 대하여 전문가들은, 이 결손은 우연한 것이 아니라 고의로 한쪽을 꺾어 낸 자취가 역력한 것이 많고, 또 실제로 떼어낸 파편 부분도 발견되고 있다고 한다.

그러므로 이를 할부割符로 떼어낸 것이라고 추측하는 것은 그럴싸한 일이다. 만약 그렇다면 이 습속은 석기 시대부터 있었다고 볼 수 있다. 약속이나 계약의 신성 보증 습속은 '서석誓石'이란 형태로도 나타나고 있다.

1300여 년 전의 일이다. 홍안紅顔의 두 신라 소년이 자신들의 장래를 말하고, 서로 그 결심을 반드시 지키기로 약속하였다. 두 소년은 자신들의 약속을 보다 큰 어떤 권위에 의해 보장받고 싶었다.

그래서 두 소년은 보통의 신라인들이 하듯이 경주의 남천·북천·서천이 마주치는 금장대金丈臺 앞 여울 강변으로 갔다. 그리고 넓적한 돌 하나를 주워서 약속한 내용을 적었다.

임신壬申년 6월 14일에 두 사람이 같이 빌고 적으며 하늘에 맹세하노라. 지금부터 3년 이후 충도忠道를 지키고 과실이 없기를 비노라. 만약 이 약속이 지켜지지 않을 때는 하늘이 큰 벌을 내릴 것을 다짐하노라. 나라가 불안하고 난세가 되더라도 이 약속은 반드시 행할 것을 서약하노라. 또 앞서 신미辛未년 7월 22일에 크게 빌었듯이 《시詩》·《상서尙書》·《예기禮記》·《전傳》을 차례로 배워 익힐 것을 맹세하되 3년 안에 다 하기로 다짐하노라.

두 소년은 이 같은 뜻을 이두吏讀 언어로 돌에 음각해 그걸 들고 금장대에 올라갔다. 서울(경주)의 대천大川이 한곳에 모이는 넓은 들과, 영산靈山들이 한눈에 들어오는 삼각의 정점이 바로 금장대다. 두 소년은 바로 이 대상臺上에 올라 하늘에 맹세하면 그 약속이 보장되는 신성한 영지靈地라 믿었던 것이다. 두 소년은 정상에서 무릎을 꿇고 그들의 약속을 하늘로 하여금 보증시키고, 그 서석을 정상에 묻음으로써 약속의 구속력을 형이상학적으로 승화시켰다.

이 같은 신성 보증의 약속이 도의적인 계약이나 법률적인 계약 공증, 계약서 같은 문명 형태의 약속보다 원천적으로 강력할 것은 두말할 나위가 없다.

두 신라 소년이 묻은 '약속의 돌'은 1935년 당시 경주 보통학교 교장이던 일본인 오사카 긴타로 씨가 우연히 발견하면서 햇빛을 보게 됐으며, 지금은 경주 박물관에 보관돼 있다. 금장대 정상에는 어느 시대 것인지 알 수 없는 기왓장이며 찻잔 등의 조각을 쉽게 볼 수 있는데, 이것은 그곳에 신사神祠를 짓고 다례를 올리면서 약속했던 경건한 신라 풍속의 흔적으로 받아들여진다.

성소로 사용된 장소는 1971년 4월에도 발견되었다. 울주군 두동면 천전리의 태화강太和江 상류에 있는 서석이 그것이다. 너비 10미터, 높이 3미터의 이끼 낀 거암巨岩에서 신라 법흥왕法興王 12년(525) 때의 서약 내용이 판독된 것이다. 서석이 발견된 골짜기를 현주민들은 '선석골'이라 부르고 있는데, 그 바위에서 발견된 각문 가운데 이곳을 '서석골'이라 불렀다는 대목이 있는 것으로 미루어 '선석'은 '서석'의 와전으로 볼 수 있다.

신라인들은 이 바위에 올라서서 약속을 하면 그 약속이나 계약이

하늘에 의해 보장되는 것으로 알았고, 요즈음 사람들이 대서소나 등기소, 공증인을 찾아가듯이 서석골을 찾았던 것이다. 이같이 지정된 성소나 영지에서의 계약과 약속은, 하늘에 계시는 온 우주 현장의 지배자인 절대자와의 양심 계약이라는 점에서 규범에 의한 현대의 법률적 계약보다 그 강도가 한결 컸을 것이다.

그러므로 신라의 화랑들이 그토록 용감하고 또 신라의 서민들이 그토록 애국적이었음은 하늘과의 약속으로 정신력을 강화시킨 데서 그 원인을 찾아볼 수 있다. 이 같은 고대 한국인의 신성 보증 계약관은 그리스도교와 유대교를 탄생시킨 히브리의 계약관과 일맥상통하고 있다.

지금도 기독교권 국가의 국회나 법정에서 성서에 손을 얹고 서약을 하는 습속이 있듯이 히브리의 영향 문화권에서는 신과 나, 둘이서 약속을 한다. 곧 그리스도교와 유대교는 신과의 계약 종교다. 다만 서양인들이 그들의 유일신과 계약을 하는 것과 달리, 다신교 문화권에 사는 한국인은 부정을 제거한 것이면 어떤 물체건 약속을 보증할 수 있다는 신념에 따라 다신교적 계약을 한다는 데 차이가 있을 뿐이다.

따라서 칼이며 거울, 또 애정의 약속으로 곧잘 주고받는 부채며 반지, 이幽, 여기에 상록수 가지며 길가에 흩어진 사금파리까지도 주력으로 그 부정만 제거하면 약속 보증의 신격을 띠는 것이다. 이처럼 고대 한국인의 계약관은 정신적이었으며, 이 정신력에 바탕을 둔 의식 구조 때문에 법적인 계약 의식이 발달할 수 없었던 것이다.

Chapter 01
한국인은 잔치 체질

　오클라호마 툴사 시의 한 회계사 집에서 열린 파티에 초대받아 간 적이 있다. 파티라고는 하지만 나와 이웃에 사는 그의 친지인 두 쌍의 부부가 고작이었다.

　이 남자는 톱으로 나무를 자르는 것이 낙이라는 별난 취미의 소유자였다. 그는 차고에 즐비한 각종 톱과 나무를 자르는 데 필요한 여러 가지 장비를 구경시켜 주었고, 우리들을 뒤뜰로 안내해 자신이 잘라 놓은 고목더미를 자랑스럽게 보여주기도 했다.

　일전에는 바람에 굵은 가지가 부러진 가로수를 잘라주고, 그 대가로 개척시대의 철도 침목 두 개를 얻어왔다면서, 구경시켜 주기도 했다. 온통 내 관심 밖이고 흥미도 없는 말로 일관되었기에 세상에 싱거운 친구도 다 있다는 생각이 들 수밖에 없었다.

수만 리 바다 밖에 사는 외국 손님을 초대한 파티라 식사 전에 술 한 잔쯤 나올 것이라는 게 나의 지나친 기대는 아니었을 것이다. 그런데 남자는 나무 자르는 이야기만 할 뿐 도무지 술을 내올 기색을 보이지 않았다.

예의상 손님이 먼저 술을 달라고는 할 수 없고 해서, 행여나 깜빡 잊고 있나 싶어 얼음물 좀 갖다 달라고 말했다. 얼음물로 술을 연상시켜 망각을 일깨우기 위한 암시방편이었던 것이다. 한데 이 친구가 들고 온 것은 액면대로 얼음물 이외에 아무것도 아니었다.

식사 때는 포도주라도 내놓겠지, 기대를 하고 식탁에 앉았다. 부인들 잔에는 짙은 다갈색 액체가, 그리고 내 앞에는 투명한 액체가 잔에 담겨 있었다. 백포도주려니 기대를 하고 입을 댔다가 그나마도 배신당하고 말았다. 냉수였기 때문이다.

나중에 알고 보니 이 남자는 전통적으로 철저한 청교도 집안 출신으로 술과는 인연이 먼 사람이었다. 하지만 아무리 그렇다 해도 손님에 대한 배려의 인색이 이 정도이니 섭섭할 수밖에 없었다. 저녁 식사도 여느 때 먹는 것과 조금도 다를 것이 없는 것 같았다. 여느 때와 다르다면, 슈퍼마켓에서 사온 식빵이 아니라 손님을 위해 아내가 직접 구웠다는 롤빵이 나온 것뿐이었다.

물론 한국의 잔칫집처럼 푸지게 먹을 기대를 하고 간 것은 아니었지만 이토록 차린 것도 없이 손님을 초대할 수 있다는 어떤 개연성에 일종의 문화적 충격을 절감할 수 있었다.

현관을 나오자 이 초대자는 속이 빈 요강만한 나무토막을 갖고 싶으면 가져가라면서, 나무 자르는 데 흥미나 관심이 있으면 연락하라고 했다. 철두철미하게 상대방의 관심사나 흥미, 기호, 식성을 무시한 자기 본위의 접대였다. 절대적으로 타인 본위의 접대를 하는 한국인과는 적이 대조적이었다.

파티 하면 한국인은 검은 예복과 이브닝드레스에, 오케스트라의 음악은 물론 일상생활에서는 먹어보지 못한 푸짐한 별식 성찬을 기대할 것이다. 물론 그런 파티도 있지만 일상적인 미국인의 파티는 평상시의 옷차림이나 상차림과 별반 차이가 없다. 그저 만나고 싶은 손님을 불러 평범한 식사를 하면서 즐겁게 대화를 나눈다. 깡통 맥주에 치즈나 쿠키 정도로 저녁 식사도 없는 파티가 다반사요, 저녁 식사 후에 만나 커피와 아이스크림 정도를 나누는 디너파티도 흔하다. 이처럼 부담 없이 자주 만나 횡적 유대를 확인하는 수단이 미국의 파티다.

별식이나 차린 것 없이는 손님을 초대하지 않는 소위 '잔치 체질'의 한국인이 이 같은 미국인의 일상적인 파티에 참석하고 보면 맥이 빠질 수밖에 없다.

Chapter 01
미국에는 '사랑', 한국에는 '정'

누가 사랑을 '애정愛情'이란 말로 쓰기 시작했는지. 너무나 정곡을 찌르는 적절한 표현이 아닐 수 없다. 애愛의 상황과 정情의 상황이 복합 융화된 감정이 가장 이상적인 상태의 사랑이기 때문이다. 물론 이 인간의 감성 상태를 하나하나의 글씨로 굳이 떼어놓고 생각하고 싶지는 않지만, 미국인의 사랑과 한국인의 사랑을 비교해보는 한 방편으로서 나눠볼 필요는 있다.

먼저 '애'와 '정'의 어원을 따져 그 차이를 살펴보자. '애'의 본디 글자는 기旡다. 같은 음의 기旣는 사람이 밥을 배불리 먹고 뒤로 젖혀 있는 상형문자로, 더 이상 무엇인가 하면 터질 듯한 벅찬 상황을 의미한다. 즉 이미 충분히 해버렸기로 더 이상 할 수 없는 상태를 뜻한다.

'관개灌漑'의 개漑가 물을 더 이상 부으면 넘치는 상태를 의미하는데, 이 역시 기炁에서 비롯되었다. 그러하기에 기炁는 마음이 가득하여 조금만 그 마음이 더해지면 터질 것 같은 벅찬 상태를 의미한다. 여기에 '애'의 아랫변인 쇠夊는 발이 잘 떨어지지 않아 더디 걷는 상형으로, 이는 곧 마음이 벅차 발이 떨어지지 않는 감정의 극한 상황을 일컫는다.

이에 비해 '정'은 같은 마음 상황이지만 전혀 정반대 상황이다. '정'은 풀의 싹을 의미하는 생生과 샘井의 합자로, 샘 속에 잔잔하게 고인 맑은 물색을 뜻한다. 곧 청靑에는 푸르다는 뜻과 잔잔하게 멎어 있다는 뜻이 있다. 청淸과 정精은 맑다는 뜻에 뿌리를 두고 있고, 정靜과 정情은 샘물처럼 잠겨 멎어 있다는 뜻에 뿌리를 두고 있다. 따라서 정情은 사람의 몸속에 물처럼 조용히 잠겨 있는 마음의 상태를 의미한다.

같은 마음의 상황이지만 '애'는 동적動的이요 충동적이고 폭발적인 데 비해, '정'은 정적靜的이요, 없는 것처럼 있으며 차분하게 있는 상태다. 또 애愛는 사람과 사람의 '만남' 그 시작이나 초반에 발생하는 데 비해, 정情은 시간이 흘러야 발생한다는 그 시차로도 구분된다.

또한 '애'는 감정 밀도가 농후한 반면 지속 시간이 짧고, '정'은 감정 밀도가 담담한 반면 지속 시간이 길다. 셰익스피어의 《로미오와 줄리엣》에서 두 사람이 처음 만나 열렬하게 사랑하기 시작하여, 결혼을 허락받지 못하고 같이 죽어가기까지의 시간은 겨우 보름 남짓밖에 안 된다.

사랑과 정은 같은 것 같지만 다르다. 처음에는 사랑하다가 중반에 정으로 연속되는 것이 가장 이상적인 형태의 결합이라 할 수 있다. 그러나 반드시 사랑이 정으로 이어지지는 않는다. 사랑으로 시작했다가 사랑이 식으면 끝나기도 하고, 또 사랑으로 시작하지 않았지만 중반에 정이 생겨 지속되는 경우도 있다.

미국인의 결혼이 사랑으로 시작하여 정으로 이어지지 못하는 경우가 많다면, 한국인의 경우는 사랑으로 시작하지 않지만 정으로 이어지는 경우가 많다는 차이가 있다.

Chapter 01

너무도 비타산적인 관계의 한국인

파리 대학에 교환 교수로 가게 된 한 친구가 서울에 와 있던 프랑스 여인에게 시간제로 불어 개인 교습을 부탁했다. 20대 후반의 이혼녀인 이 여인은 초파일의 절 구경이며 민속촌 구경 등에 자청해서 안내를 의뢰하였고, 따라서 이 사제 간은 공부를 끝내고도 판소리 감상이니 맥주홀이니 하는 데를 자주 드나들었다. 그러다 보니 퍽 친해져서 인생 상담까지 나누는 사이가 되었다. 한국적인 표현으로 허물없는 사이가 된 것이다.

그런데 강사료를 지불하는 날 엉뚱한 일이 벌어졌다. 이 친구는 약속한 시간당 액수에 교습 시간을 계산해 봉투에 넣어 건네주었다. 프랑스 여인의 개인 사정으로 며칠 빠진 시간도 있었지만, 빠진 시간을 제하지 않고 계산했던 것이다. 그런데 프랑스 여인은 돈을 봉투에 넣어 준 것에서부터 거부반응을 보였다.

한국 사람은 타산적인 데 거부 반응을 보이기에 그 거부감을 무화시키고자 돈을 봉투 속에 은폐시킨다. 하지만 비타산성에 거부 반응을 보이는 서양인은 봉투 속에 돈을 넣어 주면 심할 경우 속임수를 은폐하기 위한 수작으로까지 오해한다.

한국인이 돈을 봉투 속에 넣어주는 것은 그만큼 '정'의 요인이 복합된 정표情表라, 그것을 현장에서 노출시켜 헤아려 보지 않는 것이 정표에 대한 도리다. 한국인이 돈의 액수를 구체적으로 입에 올리지 않고 "몇 푼 안 되는 돈이지만……" 하고 건네주는 것이라든지 촌지寸志의 금일봉金一封이며, 심지어는 그저 '봉투'로 표현한 것 등도 바로 타산을 배제한 정표의 요인이 강조되기 때문이다.

만약 이 프랑스 여인과 물건 흥정 끝에 물건 값으로 돈을 건네주었다면 굳이 봉투에 넣어 주지 않았을 것이다. 그러나 사제師弟는 비타산적 인간관계이며, 더욱이 잦은 데이트로 벽이 허물어진 인간관계이기에 타산성을 극소화시킨 것이다. 그런데도 이 프랑스 여인은 봉투를 받은 현장에서 돈을 꺼내 헤아려 보더니 계산이 맞지 않는다고 이의를 제기했다.

그녀는 이내 수첩을 꺼내 먼저 자신의 사정으로 결강한 시간급만큼을 공제했다. 정의 요인이 비집고 들어갈 조그마한 틈바구니부터 먼저 배제하고 나더니, 교습 시간이 끝나고 이 친구의 요구로 소일했던 시간 수를 날짜별로 자세하게 나열한 계산 쪽지를 내밀었다. 더불어 판소리를 듣고 북한산록北漢山麓을 거닐었으며, 맥주를 마시고 더불어 춤을 추었던 그 시간이 돈으로 계산되어 청구되었다. 물론 자신의 요구에 의한 데이트는 제외되었지만, 이 친구의 요구에 의한 데이트는 단 한 시간도 빠짐없이 계산되었다.

이런 경우가 같은 한국사람 사이라면 누구나 어처구니없는 배신감을 통감할 것이다. 이 같은 감정적 경지를 우리 한국인들은 '정떨어진다'고 표현한다.

왜 이런 감정적 경지가 정의 단절을 의미하는 어휘로 표현될까. 바로 타산은 정과 상극相克 관계에 있고, 비타산은 정과 상호관계에 있기 때문이다.

단골 대폿집에서 술을 마실 때마다 보게 되는 껌 파는 할머니 한 분이 있다. 나는 할머니를 볼 때마다 껌을 샀다. 동전이 집히는 대로 껌 값을 주기도 했다. 그렇게 자주 접하다 보니 이 할머니가 내 술자리를 피해가곤 하는 것이었다. 그런 때면 나는 일부러 불러서 사기도 했다.

어느 해 연말, 할머니가 종이에 싼 조그마한 물건 하나를 술상 위에 놓아두고 달음질하듯 뒤돌아 나갔다. 펴보았더니 그 속에는 양말 한 켤레가 들어 있었다. 그때 나는 가슴속 깊은 곳에서 뭉클한 무엇인가를 느낄 수 있었다. 그것이 바로 정인 것이다. 그 정은 언제 들었는지 모른다. 타산하지 않고 껌을 사준 오랜 시간 동안 드는지 안 드는지 모르게 들어버린다.

전통적 한국의 부부관계란 외견상 무미건조하기 이를 데 없다. 그저 목석처럼 애정의 표현도 없이 묵묵히 상대적으로 존재하기만 한다. 특히 아내는 고되다는 불평도 하지 않고, 슬프다고 투정하지도 못한다. 그런 틈틈이 며느리로서 아내로서 어머니로서, 전혀 내색하지 않고 밤을 새우며 위할 것 다 위한다.

이만큼 했으니 좀 쉬어야겠다는 말도 없고, 또 이렇게 당신을 위해 많은 일을 했으니 당신은 나를 위해 무엇인가를 해달라는 법도 없다. 밥도 제대로 못 먹고 너를 길렀으니 이제 놀고먹고 하겠다는 법도 없다. 곧 한국의 아내들에게는 애교도 요염도 없지만 타산도 계산도 없었던 것이다.

김유정金裕貞의 단편 소설〈아내〉도 그런 전형적이고 전통적인 한국의 아내를 소재로 하고 있다. 남편이 아내에게 이렇게 말을 한다.

말이 났으니 말이지, 정분치고 우리 것만치 찰떡처럼 끈끈한 놈은 다시없으리라. 미우면 미울수록 싸우면 싸울수록 잠시 떨어지기가 아깝게 정이 착착 붙는다. 부부의 정이란 이런 겐지 모르나 하여튼 영문 모를 찰거머리 정이다…….

근대화된 관념에서 보면, 전통적인 한국 부부 형태로 어떻게 안정되고 부부관계가 유지되었을지 의심이 간다. 사실 그것을 해석할 길이 없어 그저 한국의 아내는 목석화木石化되어 인간 이하의 비정적非情的 일생을 살았던 것으로 통념화되어 있다. 하지만 자신의 노동이나 사랑 등 모든 행동을 타산화하는 서양의 아내나 근대화된 아내들보다 훨씬 안정된 관계에서 부부 생활이 영위되었다. 바로 비타산성에서 우러난 찰거머리 정이 그 접착제요, 초석이 돼 있었기 때문이다.

'정 감각 흉 감각'이란 말도 있듯이 성격과 언행 측면에서 결점이 많더라도 비타산성만 유지되면 그 결점들이 정에 저촉되는 법이 없다. 곧 정과 인간적 결합과는 별도라는 논리가 가능한 나라는 이 세상에서 아마 우리나라가 유일할 것이다.

한국의 조그마한 대폿집에서부터 큰 회사에 이르기까지 그것들이 번창하고 융성한 이면에는 반드시 정의 향수가 크게 작용하고 있다. 곧 고객 관리를 얼마큼 타산적으로 하느냐 비타산적으로 하느냐가 성쇠의 열쇠가 되고 있는 것이다. 근시안적近視眼的으로 보면 타산 잘하는 것이 현실적인 이득이 되고 비타산적인 것이 손해를 가져오지만, 원시안적遠視眼的으로 보면 비타산의 반대급부로 분배된 정이 밑천이 되어 비타산적인 편이 번창을 한다. 이것이 정에 성숙한 한국에서의 필연이며 사필귀정事必歸正이다.

이를테면 어느 음식점에서 김치를 담근다 치자. 재료값과 양념값을 면밀히 타산하여 맛을 반감시킨 경우와 그저 김치 맛을 위해 재료나 양념을 타산하지 않고 담그는 경우, 김치 값이 비싸지기에 비타산 쪽이 당장에는 손해가 난다. 하지만 그 맛있는 김치가 고객을 유인하는 매개가 되어 그 가게가 번창하게 되면 타산 쪽이 손해다.

한민족이 정에 성숙하다는 것은 바로 비타산 의식 때문이요, 따라서 정이 전제된 관계일수록 한국에서는 더욱 그 가치가 높아지게 마련이다.

Chapter 01

〈진달래꽃〉에 숨겨진 한의 정서

한국인은 떠나는 차에 특별한 감정을 부여한다. 기차가 떠나간 후의 시골 정거장, 바람에 흔들리는 코스모스와 금테 모자를 쓴 역장 혼자 그림자를 드리우는 장면은 한국인의 정서에 호소하는 것이다. 더욱이 막차가 떠나는 장면에서는 이런 정서 작동이 배가 된다.

시골 장날, 막차가 떠나간 후 갑자기 한산해진 장거리의 개 한 마리는 한국인에게 소리 없는 시時가 되고, 가난한 시골 아가씨가 곡마단에 팔려 떠나가는 날 그 차가 재를 넘어갈 때까지 온 마을 여인네들은 그 모습에 치맛자락을 적셨던 것이다.

장이 파하면 다음 장이 서고, 또 곡마단에 팔려간다는 것이 심청이처럼 공양미에 팔려 영영 가버리는 것도 아닐진대, 왠지 떠나간다고 하면

'마지막'이라는 효소가 한국인의 정서 속에서 분비되는 모양이다.

떠나면 오고, 오면 또 가고, 만나면 헤어지고, 헤어지면 다시 만난다는 것이 지극히 당연한 일인 줄 잘 알고 있으면서도 회자정리會者定離하면, 무상감無常感이 들고 한숨이 따르는 이유는 떠난다는 정서에 바싹 붙어 있는 마지막이라는 요소 때문인 것 같다.

미국 여행 때 각계각층 사람들을 만나기로 돼 있었던 나는 선물로 영역英譯된 한국의 명시선집名詩選集 다섯 권을 준비해갔다. 그리하여 시에 관심을 가질 만한 사람에게 주면서 그 중 김소월의 〈진달래꽃〉을 읽어보도록 하고 그 반응을 살펴보았다.

그런데 다섯 사람 가운데 오로지 한 사람만이 이 시에서 정서와 아름다움을 느낀다고 말했을 뿐 나머지 네 사람은 왜 이것이 시가 되는지 모르겠다는 반응을 보였다. 내가 싫어서 가는 사람 가게 둔다는 그 첫 구절이 합리적 사고를 하는 그들에게는 지극히 당연한 이야기로, 미적美的 정서가 끼어들 틈이 없다. 가는 사람 앞에 꽃을 뿌리는 행위를 마치 잘 간다고 테이프나 색종이를 뿌리며 찬양하고 환영하는 행위로 받아들이고 있으니, 가지 않기를 바라는 강한 염원이 주제인 이 시의 진미를 알 수가 없다.

그 중 〈진달래꽃〉을 아름답게 여긴 한 사람은 작년에 하버드 대학의 한국사 교수로 임명된 한국통이었다는 점을 감안하면 〈진달래꽃〉이 미국 사람들에게는 대체로 한국 사람만큼은 아름답지 못한 시임에 틀림없다.

  나는 이와 연관해서 우리의 국민 음악처럼 돼 있는 〈아리랑〉의 정서도 살펴보았다. 나를 버리고 가는 연인에게 십 리도 못 가서 발병이 나라는, 이 '마지막' 효소의 역동逆動에 대해 물었다. 그랬더니 만류해도 굳이 떠나는 연인이라면 물리적으로 가지 못하게끔 붙들어 놓든지, 그렇지 않으면 단념하고 새로운 연인을 찾는다는 흑백 사고로 해결한다는 데 예외가 없었다.

  보내놓고 발병이 나기를 바라는 한恨의 보상은 회색 사고이며, 이 같은 한국인의 정서 처리는 그들에게 '악' 이상으로는 받아들여지는 법이 없다. 곧 발병이 나라는 저주는 사랑의 표시가 아니라 신神에 거역하고 인륜人倫에 거역하는 악행인 것이다. 우리 한국인의 정서를 수백 수천 년간 사로잡아온 〈아리랑〉의 비밀도 떠난다는 데서 야기되는 특유한 정서의 강도에 있으며, 만약 이 노래를 미국에 퍼뜨렸다면 결코 유행이 되지 못했을 것이다. 왜냐하면 떠난다는 것과 마지막이라는 한국인의 정서 구조의 밀접한 표리성表裏性이 그들에게는 없기 때문이다.

  〈진달래꽃〉에서 간다는 임이, 또 〈아리랑〉에서 간다는 임이 심청이처럼 영원히 가는 것은 아닐 테지만 한국인에게 그토록 그 시가 아름다운 이유는 마지막 효소가 떠난다는 시 속의 행위에 복합되어 정서가 우러나기 때문이다. 이처럼 한국인에게 있어 떠난다는 것과 마지막이라는 두 상황은 미분리 상태에 있는 것이다.

Chapter 01

꽃의 아름다움보다는 격조와 절조를

 학창시절에 보았던 잊히지 않는 옛날 영화 가운데 캐서린 헵번과 로사노 브라치가 주연한 〈여정旅情〉이라는 영화가 있다.
 미국 초등학교 여교사로 있는 헵번이 베니스에 여행 갔다가 그곳에서 아내가 있는 중년 남자 로사노 브라치와 사랑에 빠진다는 내용이다. 영화에서 헵번이 브라치가 거리에서 사준 꽃 한 송이를 주우려 애쓰다 아슬아슬하게 놓치고 마는 장면이 있다. 비록 꽃 한 송이일망정 필사적으로 주우려고 하는 이브닝드레스를 입은 헵번의 자태는 사랑의 본질을 지각시켜 주기에 충분했다.
 헵번을 싣고 미국으로 돌아가는 기차가 서서히 출발할 때 뒤늦게 달려온 브라치가 플랫폼에 나타나 떠나는 기차를 쫓아가지만 끝내

놓치고 만다. 이때 브라치는 손에 들고 있던 한 송이 하얀 꽃, 앞서 운하에서 헵번이 놓친 것과 똑같은 꽃을 높이 쳐들며 흔들고, 헵번은 차창 밖으로 몸을 드러내며 감격 어린 표정을 짓는다. 무슨 꽃이었는지 이름은 잊었지만, 그 꽃의 강한 향기가 화면에 스며들 듯한 마지막 장면이 지금도 선명하게 떠오른다.

이같이 영화나 소설 속에서만 보아왔기 때문인지 한국인은 꽃이란 남자가 여자에게 주는 사랑의 표시로 알고 있는데 별반 예외가 없다. 더러 서양 풍조에 영향을 받아 연인에게 꽃을 선물하고, 또 병원이나 남의 집을 방문할 때도 꽃을 들고 가는 풍습이 있으나 아직까지 한국인에게는 어딘지 좀 쑥스럽고 어색한, 그리하여 '꽃 문화'가 뿌리 내리지 못하고 있다.

유럽이나 미국의 도시에 가면 담배 자동판매기에 버금갈 만큼 꽃 자동판매기가 널려 있다. 물을 담은 컵에 꽂힌 꽃들이 유리 상자 속에 들어 있고, 돈을 넣으면 유리그릇이 열리게 돼 있다. 물론 스위트피나 팬지, 튤립, 카네이션 같은 작은 꽃 두서너 송이이긴 하지만 내가 본 꽃 자동판매기마다 절반 이상의 컵이 비어 있던 것으로 미루어 꽤 잘 팔리는 것 같았다.

꽃이 그들 생활에 얼마나 소중한 필수품인가는 모든 가게가 문을 닫아버리는 주말에도 꽃집만은 장사를 하고 있다는 사실만으로도 알 수 있다. 왜냐하면 사람을 초대하고 초대받는 일이 주로 주말에 집중해 있기 때문이다.

그리스나 이탈리아 여행에서 인상적이었던 것은 지붕 위건 처마 밑이건 담이건 주렁주렁 매달려 있는 화분들이었다. 아무리 옹색하고 가난해 보이는 집일지라도 화분의 꽃들이 옹색한 이미지를 보상해주었다.

화분 하면 청자나 백자 등을 연상하지만 그런 사치스러운 것들이 아니다. 깨진 유리그릇을 철사로 얽어맨 것이나 커피 통, 과자 통, 혹은 맥주 깡통을 이어 만든 것 등 다양하다. 그런 폐품에 흙을 담아 꽃을 길러서는 집 둘레에 얹거나 걸어놓는다.

독일의 온실도 그렇다. 반년이 겨울인 독일에서는 베란다나 실내에 미니 화원을 가꾸는 것이 관례이다. 음산한 독일의 겨울, 온실 속에 핀 화사함은 적이 인상적이다. 이처럼 서양 문화는 꽃을 좋아하는 문화라는 점에서 동일성을 갖는다.

우리나라에도 꽃을 주는 것이 사랑의 상징이었던 역사적인 예가 있다. 이를테면 신라 성덕왕聖德王 때 수로부인水路夫人이 강릉 태수太守인 남편을 따라가고 있는데, 한 노인이 돌벼랑에 핀 철쭉꽃을 꺾어 바치면서 〈헌화가獻花歌〉를 불렀다고 전해진다.

또한 고려 충선왕忠宣王은 원元나라의 서울에 있을 때 한 미희美姬를 몹시 사랑하였다. 충선왕이 고국에 돌아오게 되자, 왕은 사랑의 표현으로 아름다운 연꽃 한 송이를 선물했다. 그 후 그 여인은 충선왕에게 다음과 같은 시를 보냈다.

떠나시던 그날에 꺾어준 연꽃송이 처음에는 빨갛더니
얼마 안 가 떨어지고 이제는 시드는 빛이 사람과 같아라.

사랑을 꽃에 비유하는 정서는 동서고금이 다를 것이 없으나 웬일인지 한국인은 색깔이 유난히 진하거나 요염하거나 꽃 생김새가 다채로우면 가까이 하지 않았다. 그래서 꽃송이가 크고 아름다운 화초보다는 꽃이 작고 별반 아름답지 않은 수목화樹木花를 더 좋아했다.

조선 왕조 초기 강희안姜希顔이 지은 《양화소록養花小錄》에 보면 당시 한국인이 좋아했던 꽃들을 알 수 있는데, 주로 매화·석류화·단계화·백일홍·동백 같은 수목화로, 화초花草는 목단·국화·연꽃·창포 정도에 불과했다. 또 옛 선비들은 화목花木의 기호에 등품等品을 매기는 풍류가 있었다. 대체로 일등품一等品은 매梅·국菊·연蓮·죽竹으로 꽃이 지닌 아름다움보다 그 품격을 소중히 여겼다. 《양화소록》에는 다음과 같이 꽃을 취하는 방법이 적혀 있다.

무릇 화훼를 재배하는 것은 오직 마음과 뜻을 더욱 닦고 덕성德性을 함양하고자 함이다. 운치와 격조, 절조가 없는 꽃은 관상할 것이 못 되니 울타리 가에나 담장 밑 아무 곳에나 심어 가까이하지 않을 것이다. 가까이하면 열사烈士와 비부鄙夫가 한집에 사는 것과 같아서 품격이 전연 없다.

곧 꽃을 아름답다는 관점에서 보지 않고, 그 꽃이 지닌 격조와 절조 측면에서 교훈적으로 보았다는 점에서 결정적으로 꽃 문화의 차이를 찾아볼 수가 있다. 눈 속에서 피는 매화, 늦서리를 맞고도 고고히 피는 국화, 조석을 가려 열고 닫는 거취가 분명한 연꽃, 그리고 겨울에도 시들지 않는 대나무를 많은 화초 가운데 일등품으로 여긴 것은 그 꽃이 아름다워서가 아니다. 그 꽃의 절조가 당시 사람들의 도덕적 잣대로 숭앙할 만하기에 일등품이 된 것이다.

곧 꽃을 꽃으로 객관화하지 않고 인간이나 도덕적 잣대로 승화시켜, 그 꽃의 품격을 정해 좋아하고 싫어하는 기준으로 삼았다. 그래서 오히려 눈이 현란할 정도로 아름답고, 빛깔이 유별나며 모양이 요염한 꽃은 사람의 본성을 어지럽히고 현란하게 하여 그릇된 길로 이끌어 완물상지玩物喪志한다 하여 기피하였다.

신라 때 설총薛聰이 신문왕神文王에게 잘못을 고치도록 말한 〈화왕계花王戒〉는 유명하다.

모란은 화왕花王이요, 장미는 요염한 미희美姬로, 백두옹白頭翁 할미꽃은 포의한사布衣寒士로 풍자된다. 모란이 장미의 유혹과 요염에 빠지자 백두옹이 충심으로 직간直諫하여 회개시킨다는 풍자의 글이다.

이처럼 한국인은 예부터 장미같이 아름다운 꽃에는 마이너스 이미지를 부여해왔으며, 할미꽃처럼 겉으로 보면 흰 털만 무성한 미운 꽃이지만 자신의 내심을 은폐하는 미덕이 있는 꽃에 플러스 이미지를 부여했던 것이다.
　그리하여 유럽에서 좋아하는 그 아름답고 현란한 꽃들은 완물상지라 하여 주변에서 소외시키는 풍조가 있었다. 겨우 심는다는 꽃이 맨드라미·봉선화·접시꽃·함박꽃 같은 무색이거나 색이 있어도 예쁘지 않은 꽃들이었다. 곧 화초까지 도덕화함으로써 꽃과 인간 정서와의 사이를 단절시켰으며, 이것이 한국인에게 꽃과 거리감을 형성시킨 복합 이유라 할 수 있다.

Chapter 01
사랑의 일원론과 이원론

미국에서는 자유결혼과 연애결혼이 동의어다. 자유롭게 상대방을 알게 되고, 좋아하고, 사랑하게 되면, 그 두 사람의 사랑의 결과물인 결혼을 한다. 따라서 연애 없이는 대체로 결혼이 불가능하다.

미국 사람의 결혼에서 필수 과정인 연애, 곧 사랑에 빠진다는 것은 말이 안 되는 상황이다. 남녀가 일시적으로 약간의 정신이상 증상을 일으켜, 곰보가 보조개로 보이고 호박 같은 얼굴이 꽃미남처럼 보이는 것이다. 두 사람은 황홀경에 빠져 "아아, 이 순간이 영원하기를……"이라며 속삭인다.

그러나 나이가 중년에 접어들면 사람들은 그 연애 시절을 돌이켜 보고, 그때 어떻게 그런 사랑을 했는지 도무지 알 수 없다는 고백을 하게 된다.

　이처럼 연애란 합리적으로나 이성적으로는 설명하기 어려운 현상이다. 상대방의 교양, 신분, 기질, 개성, 가정환경 등과는 별개의 현상으로 독립되어 일어난다. 사실 엄밀히 따지면 가정을 이루고 아이들을 낳아 기른다는 결혼이라는 이름의 장기 프로젝트의 파트너, 곧 인생의 반려자를 선택하는 수단으로써 이 일시적 열병을 수반한 감정적 연애가 오히려 위험한 것일 수도 있다.

　더욱이 한 남자가 한 여자를 사랑하고, 그 여자 역시 그 남자를 사랑한다는 진실성이 전혀 보증되거나 보장된다는 법도 없다. 두 사람이 동시에 상대방에 대해 진실한 사랑을 경험하는 행운은 극소수에 불과하다.

　연애결혼이 절대적인 미국이라 해도 이같이 진실한 사랑의 경지에서 결혼한 경우는 극소수다. 원칙적으로 연애하지 않으면 결혼할 수 없게끔 돼 있기에 많은 남녀들은 실제가 아니라 그 진실한 연애를 꿈꾸면서 결혼을 한다. 바꿔 말하면 대부분 실제와 비슷해 보이는 연애를 찾아 결혼하는 것이다.

　그들이 입버릇처럼 말하는 '아이 러브 유'는 진실로 사랑하지 않아도 할 수 있다. 선을 보아 맺어진 부부일지라도 살다 보면 애정이 싹틀 수 있다. 열병에서 깨듯 후에 깨져버릴 연애, 특히 실제와 비슷해 보여서 시작되는 미국의 연애결혼과 비겨 어느 쪽이 부부에게 장기적인 행복을 가져다줄지는 아무도 예측할 수 없다.

연애결혼을 하는 미국인은 두 쌍에 한 쌍 꼴로 이혼하는데, 이에는 한국인과 사고방식의 차이가 있을 것이다. 미국 사람들은 모든 사물에 대해 이원론적인 사고를 한다. 고대 그리스의 철학자 아리스토텔레스의 논리학에서 시작되어 유럽을 거쳐 미국에서 꽃 피어난 이 이원론에 의하면 'A가 아니면 B'로 세상의 모든 일이 양분된다. 이에 따라, 물은 따뜻하냐 차냐, 키는 크냐 작냐, 그의 의견이 올바르냐 틀리냐는 식으로 분류된다.

반면, 한국인의 사고는 예부터 음양이 결합한 태극太極처럼 일원론이다. 한국에 외래 종교가 들어오면 기성 종교와 평화 공존했지, 피비린내 나는 대결의 역사는 거의 없었다. 자연도 인간과 융합된 하나로 여길 뿐 서양처럼 대립된 별개의 것으로 여기지 않았다. 그래서 '예스냐 노냐'의 흑백 논리는 한국인에게 원천적으로 이질적인 논리다.

이처럼 이원론의 세상에서 태어나 자라온 미국인들이 결혼 문제를 이원론적으로 분석·처리하는 것 역시 별반 이상할 것도 없다. 결혼 생활도 잘 되고 있느냐 잘못되고 있느냐 둘 중의 하나여야 한다. 즉 출발점에서는 애정이 있었기에 결혼을 했다. 한데 그 애정이 사라져 버렸다, 애정이 없는 결혼은 무의미하며 모순이니, 해소해버려야 한다 하고 이혼해버린다.

한국에서는 흑백 사고가 아닌 완충 사고를 하기에 양극兩極으로 외향화하는 사고라도, 마치 태극의 홍청紅靑이 밀착하듯, 하나의 핵을 이루며 내향화한다. 그렇기 때문에 미국식 사고로는 몇 십 번 이혼했을 것도 이혼하지 않는다.

미국의 이혼율이 높은 다른 원인으로 그들의 행복관을 들 수 있다. 미국 사람은 한국 사람에 비교해 행복 기대도가 매우 높다. 본래 행복감이란 상대적인 것으로 기대와 현실과의 비율 함수로 측정된다. 같은 회사, 같은 직위, 같은 소득, 같은 규모의 집에 살고 있더라도 기대도가 높고 낮음에 따라 행복하기도 하고 불행하기도 한 법이다.

이를테면 한국인의 행복관은 '불행하지 않으면 행복하다'고 정의한다 해도 별 무리가 없을 것이다. 한국인은 우환만 없으면 행복하다. 하지만 행복에 대한 기대도가 높은 미국 사람에게는 이 같은 소극적인 행복은 행복이 아니다. 보다 적극적이고 절대적이며 완벽해야만 한다고 그들은 생각한다. 그들에게 있어 결혼은 행복 그 자체이며, 결혼에 기대하는 행복의 크기는 실로 대단하다. 그러하기에 만약 행복하지 않다면 그 결혼은 실패한 것이며, 행복하지 않은 결혼은 마땅히 해소돼야 한다고 결론짓게 된다.

물론 한국인도 행복한 결혼 생활을 기대한다. 하지만 기대도가 미국 사람처럼 높지 않기에 행복하지 않더라도 실망이 크지 않다. 소수의 행복한 결혼을 부러워할 뿐, 행복하지 못한 결혼에도 다수는 자위를 하고 영위해나간다.

이혼율이 높은 셋째 이유로 미국 사람들의 강한 개인주의를 들 수 있다. 개인주의란 이론적으로는 자기 책임 아래 일을 처리하고 자기의 권리를 주장함과 동시에 상대의 권리도 존중하는 것이다. 하지만 그것은 이상일 뿐이고, 상대의 권리보다 자기를 강하게 내세우는 비율이 한결 높다.

부부생활이란 매우 밀접한 집단 행위로, '개인'이 집단 속에서 조화돼야만 안정이 된다. 집단주의에 길든 한국 사람은 상대방이 잘못했다고 판단해도 "내가 잘못했다"고 먼저 용서를 비는 경우가 있다. 그런데 미국 사람은 자신이 잘못했다고 생각하면서도 "네가 잘못했다"고 우긴다. 왜냐하면 강한 개인의식이 방위 본능을 촉발시키기 때문이다.

이렇게 강한 개인의식은 상대방에게서 얻어내려고만 한다. 남편은 하나의 평범한 여성인 아내에게 정숙한 아내이길 바라고, 현모賢母이길 바라며, 살림 잘하는 주부이길 원한다. 파티 석상에서는 사람들이 부러워할 만큼 매력적이길 바라며, 밤에는 아름다운 마녀이길 기대한다. 물론 아내 쪽에서도 남편에게 비현실적인 많은 역할을 기대한다. 이 같은 개인의식이 부딪힐수록 이혼으로 접근하게 된다는 것은 굳이 설명할 필요가 없겠다.

한국 부부의 경우는 두 사람이 이혼하고 싶어도 아이들 때문에 이혼을 주저하거나 포기한다. 물론 미국 부부도 아이들이 성장할 때까지 이혼을 연기하는 일은 있지만 아이들 때문에 자신의 일생을 희생하지는 않는다.

"한 번밖에 없는 인생을 행복하게 살 권리가 있다. 이혼으로 인해 아이들이 불행해질 것은 분명하지만 아이들의 불행 때문에 나의 인생을 불행하게 지속할 수는 없다. 이혼 후에는 정기적으로 만날 수 있으니까 그 편이 오히려 낫다."

따지고 보면 결혼생활의 불만은 바로 결혼 상대자에 대한 불만이다. 상대자에 대한 불만은 성격이 맞지 않는다는 말로 곧잘 표현된다. 성격이 맞지 않는다는 것은 성격이 같지 않은 것이 아니라 각기 상대방의 성격에 적응하지 못한다는 것을 의미한다. 부부 어느 한 편이 적응력이 없더라도 다른 한 편에서 적응력이 풍부하면 결혼생활은 파탄에 이르지는 않는다. 옛날의 부부 결합이 불평등하게 부창부수夫唱婦隨로 이루어져 온 것은 아내에게 강한 적응력을 요구함으로써 부부의 적응을 시도하기 위한 것이었다.

그러하기에 옛날 부녀자는 어릴 때부터 어떤 환경에도 적응하게끔 가르침을 받고 자아의식이 생기기 이전에 잃어버렸다. 글을 읽고 재능을 익히는 등 자아나 세상의 사리事理를 익히는 것으로부터 부녀자를 철저히 배제시킨 이유가 이에 있는 것이다. 재능이 있는 신사임당이나 허난설헌 같은 재원才媛들이 대체로 불행한 일생을 산 이유가 여기에 있다.

자의식을 죽여가면서 적응을 시도한 비인간적이고 전근대적인 관습을 찬양하고자 하는 것은 아니다. 문제는 평등한 지위를 지향하면서 적응력을 키우는 노력이야말로 미국이 시행착오를 겪고 있는 높은 이혼율을 줄이는 슬기가 될 수 있다는 것이다. 더욱이 연애는 맹목적이요 충동적이기에 결혼생활에 필요한 적응력을 확인하는 것은 불가능하다.

이혼율이 증가하는가 감소하는가는 남녀 쌍방이 적응력을 체질화하고 있는가, 또 적응력을 확인하고 결혼생활에 들어갔는가의 여부에 달렸다 해도 큰 문제가 없을 것이다.

CHAPTER 02
한국인의 끈기 있는 깡

Chapter 02
지나친 행복은 부덕

나는 역사를 공부하면서 몇 가지 쓸데없는 의혹을 품어 왔다. 이를테면 백성들은 왕세자비나 왕비가 되기를 왜 한사코 기피했는가가 그런 것이다. 신분 사회에 있어 여자로서 최고의 행복이 바로 비妃가 되는 일인데, 무슨 까닭으로 그 최고의 행복을 기피했을까. 더구나 자기의 딸을 왕비로 들이면 화려한 세도를 누릴 수가 있어 인생에서 이같이 크고 알찬 비약이 없을 텐데, 간택이 선포되면 딸을 숨기거나 누더기 옷을 입히고 얼굴에 거름흙칠까지 시켜야 했는지 모를 일이다. 그리고 예비豫妃로 간택되어 가면 마치 지옥의 사자한테나 끌려가는 것처럼 대성통곡하고 울었는지 말이다.

물론 몇 가지 개연성은 있다. 간택되어 간다고 꼭 된다는 보장이 없는데다가 일단 간택을 받고 왕비가 못 되면 다른 곳으로 시집가는 것이 어렵다는 부담이 작용했을 것이다.

또 왕비가 되었다 하더라도 궁중의 갖은 음모와 세도와 당파싸움 틈에서 비운의 일생을 보내야 했기에 그 틈에 딸을 들여놓고 싶지 않다는 휴머니즘도 작용하지 않았을까 상상할 수 있다.

게다가 끊임없이 지속되는 세도나 당파 싸움에서 어느 순간 몰락해 유배나 독살을 당하는 그 일련의 풍토에서 벗어나 무풍지대에서 살고 싶은 민중의 간절한 소망에서 이 위험한 행복을 기피했을 만도 하다.

하지만 이와 같은 개연성은 그 기피하는 이유의 적은 일부분일 수는 있으나 전체 이유일 수는 없다.

한국인은 행복에 관해 언급하거나 생각한다는 것이 어쩐지 부끄럽거나 죄책감이 들거나 부덕이라는 감정이 수반되어 아예 그런 말이나 생각을 소외시켜 버리는 데 길들어 있다.

'나는 행복합니다' 하는 따위의 말을 한국인이 하기 시작한 것은 서구의 소설이나 영화가 들어오고 나서부터의 일이며, 그나마도 영화나 드라마 속의 대사가 아니면 이성간의 환상적인 분위기 속에서나 또 무슨 수작을 꾸미기 위한 음모의 전치사처럼 들리게 마련이다. 꽃 한 송이나 카드 한 장 선물 받고 "I'm happy" 하고, 목사의 방문을 받고 "I'm happy" 하는 그런 서구식 행복들에 둔감하다. 또 편지 밑에, '행운이 깃들기를……' 하는 따위의 어구는 쓰지만 그건 상대방의 배려를 극찬하거나 상대방의 배려를 요구하는 수사용어에 불과할 뿐 실감을 수반하지 않는다. 곧 행복이란 피는 그 속에 없고, 행복이란 미라만이 남아 있을 뿐이다.

한국인 사이에서 행복이란 말이 일상적으로 쓰이지 않는 것은 한국인과 이 좋은 상태와는 인연이 멀 뿐만 아니라, 그 좋은 상태를 겸양하는 습성이 체질화되었기 때문이다.

우리는 지금까지 살아오면서 행복이라는 상태는 허무하고 위험하다는 사고가 지배적인 반면에, 불행을 참아내는 것을 미덕으로 삼는 관념이 체질화되어 왔다는 사실에 주목해야 한다.

'구합九合은 모자라고 십합十合은 넘친다'는 속담이 있고, '술은 반취半醉, 꽃은 반개半開, 복은 반복半福이라' 했고, '솜에도 발을 찔듯이 복福에도 다친다'고 했다. 이러한 속담은 인간 모두가 충분한 만족을 바라거나 또 만족한 상태에 놓인다는 것은 죄악은 아니나 위험하며, 눈물의 씨앗이 된다는 그런 체험적 관념이 나타나 있다고 볼 수 있다.

옛 우리 조상들은 조석 끼니에 없어서는 안 될 근본적인 것 이외의 물질에 욕심내는 것을 부덕으로 알았다. 나물 먹고 물마시고 팔을 베고 누우면 그만이었다. 요즈음 같으면 나물 먹고 물마시고 누우면 허기져 하늘이 노랗게 보일 텐데, 옛 조상들은 마음의 풍요와 안정 때문에 하늘이 파랗게 보였던 모양이다.

물질은 서로 소유하려는 데서 빚어지는 갈등과, 더 모으려는 데서 빚어지는 경쟁과, 상실할 것이라는 공포와, 소유했다는 데서 빚어지는 오만과, 있어서 촉발되는 방탕을 초래한다. 그 모든 것이 정신적 안정을 해치는 요인들뿐이다. 곧 행복은 위험한 것이다.

유학자 김장생金長生 선생은 이 같은 본능적·물질적 충족 상태의 행복에 대해서 꼭 이루어질 초인간적이고 절대적인 천도天道가 벌을 내린다고 했다. 호사다마라는 말도 있듯이 행복한 인간에게는 반드시 궂은일이 야기되고, '달이 차면 기울 듯이, 천도도 휴영虧盈이 있고 재물이 많으면 많이 잃는다'고 가르쳤던 것이다.

송시열宋時烈 선생도 행복은 인사人事가 아니라 천은天恩이고, 천은이 과하면 몸을 위태롭게 한다고 하였다.

'그치는 것을 알면 위태롭지 않다'는 노장老莊의 소욕지족사상小慾知足思想도, 공수래공수거 하는 불교의 무상사상無常思想도 '행복 부정'의 유교사상에 부합되어 한국인으로 하여금 물질적·본능적 만족으로부터 자학케 했다. 그리하여 한국인은 모든 의·식·주 면에서 본능 행위의 노출을 억제하는 도사가 돼 버렸다.

그렇기 때문에 북간 지방에서 부부 싸움을 하다가 부부 중 누군가가 베개를 마당에 던지면 그것은 파경을 뜻하였다. 침실 용구의 외부 노출은 한국인에게 있어 이같이 큰 뜻을 가졌다.

서양의 의자와 한국의 방석도 그렇다. 손님이 오면 방석을 내 놓고 손님이 가면 치워 버린다. 곧 편하게 앉는다는 동물적이고 본능적인 안락에 한국인은 죄악감을 갖고 있는 것이다. 이에 비해 서양의 의자는 항상 그곳에 있다.

또한 한국인의 고유 복장이 신체의 철저한 은폐에 있었음도, 그리고 며느리나 딸들에게 걸음을 걸을 때 발가락에서 발꿈치까지의 거리 이상 발을 떼지 못하게끔 가르친 것도 모두가 이 본능의 안락성을 제압하는 데 목적이 있었다.

본능 은폐나 본능 억압 문화는 그 문화권에 사는 사람들을 자학적으로 만들었다. 자학만이 적자생존의 조건이요, 그 조건은 오랜 시간을 겪는 동안 하나의 심성으로 체질화된 것이다.

Chapter 02
재물을 탐하지 않는 선비정신

 조선 초 유관柳寬은 정승이었지만 동대문 밖의 초막 울타리도 없는, 장마철이면 비가 새어 방 안에서 우산을 쓰고 있어야 하는 두어 칸 되는 집에서 살았다. 그런 집에서 살아야 할 만큼 정승의 녹이 적었던 것은 아니었으나, 그는 그 녹을 동네 어린이들 지묵紙墨값으로 나눠 주거나 가문에 가난한 사람이 있으면 도와주었다.
 또한 연산군에게 용기 있게 항거하여 유명해진 판서 홍귀달洪貴達은 남산 기슭에 겨우 몸이 들어가 누울 만한 단칸 초막에 허백당虛白堂이란 거창한 당호를 붙이고 살았다. 비록 단칸이지만 그 속에 들어앉아 9만 9,999칸의 큰 생각을 할 수 있다고 말한 그의 기백과 여유에 놀라지 않을 수 없다.

다음과 같은 《열하일기熱河日記》의 내용을 통해 저자 박지원 부사府使의 생활도 엿볼 수 있다.

집을 지키던 계집종마저 달아나고…… 집과 아내가 있으면서도 궁색하여 나그네 신세지만 마음은 더없이 편안하다. 책을 보다가도 잠이 오면 자는데 깨워줄 이 없어 어떤 때는 종일 잘 수도 있다. 그러다 보면 사흘을 굶기도 한다.

재상 이승소李承召는 판서 벼슬에 있으면서도 겨우 세 칸 되는 초가에서 살았다. 그 사정을 안 세조가 그를 불러 예의바른 대학자가 사당을 모시지 않음은 무슨 까닭인가 하고 돌려 물었다. 그러자 그는 형님이 평양 본가에서 모시고 있다고 대답했다. 그때 마침 그 자리에 누각 같은 호화 주택을 짓고 사는 당시 병조판서 모某씨가 입시하였다.

이승소와 모씨는 앞뒷집에 사는 같은 판서인데도 서로 모르는 체하는 것을 이상하게 여긴 세조가 이승소에게 병판을 모르는가 하고 물었다.

그러자 그는 "모르는 사이입니다"고 대꾸했다. 같은 조정에서 일하는 판서를 모를 리야 없겠지만 모르는 사이라고 말하는 저의는 병판을 무시하기 때문이다. 그 후 세조는 재물을 탐하는 신하가 입시하면 짐짓 알면서도 "신이 누구더라?" 하고 이승소식 처세로 당황하게 만들었다 한다.

비단 세조뿐 아니라 '지면부지호知面不知乎'는 경제 척도를 근거로 인격 척도를 하강시키는 적신호로써 선비 사회로 널리 퍼져 하나의 풍조가 되어버렸다.

선조 때 명상名相 이원익李元翼의 청백함을 포상하는 뜻에서 인조가 흰 이불과 흰 요를 하사한 일이 있었다. 흰 이부자리를 전달하고 온 승지에게 임금은 '어떻게 살고 있던가' 하고 물었다.

승지가 대답하였다.

"기와도 아닌 초가집인데 비가 새어 벽이 얼룩이 지고 문틈에서는 바람이 들 지경이옵니다."

"입시入侍 40년에 영의정을 지낸 이가 겨우 초가 두어 칸이더냐."

이렇게 말하는 선조의 눈시울이 붉어졌다 한다. 그가 세상을 뜨자 도승지 이민구李敏求가 장사를 치렀는데, '관 값 한 푼 마련해 놓지 않고 죽었으니 조정의 부조가 없었더라면 어떻게 하려고 빈사貧士를 택했는지 모를 일이다'라고 기록해 놓고 있다.

이같이 인격 척도의 상향을 위해 경제 척도를 극소화하는 성향은 한국 선비들의 본질이요, 조건이었던 것이다. 곧 한국인은 어떤 하나에만 가치를 찾는 단치적單值的인 의식구조를 지녔다 할 수 있다. 이것도 저것도 가치가 있다고 인정하는 서양의 다치적多值的 의식구조에 비해, 이것 아니면 저것이라는 오로지 하나에 가치를 두고 그 가치의 계단을 오르려 부단히 노력했다.

Chapter 02

자면서 일하고 일하면서 자고

영국의 인류학자 데스먼드 모리스의 저서 중에 《털없는 원숭이》가 있다. 털없는 원숭이는 털이 빠진 원숭이란 뜻으로 곧 인간을 말한다. 원숭이는 하루 종일 쉴 새 없이 이 나무 저 나무로 뛰어다니며 움직이는 반면, 사자는 하루 종일 편안히 누워서 산다. 또한 원숭이는 나뭇잎이나 기껏해야 나무열매를 상식으로 하기 때문에 영양가가 낮아 하루 종일 쫓아다니며 먹지 않으면 몸을 유지할 수가 없다. 이에 비해 사자는 짐승을 잡아 내장까지 꺼내 먹기 때문에 완전한 영양식을 하므로 한 번 잡아먹으면 2주일 내내 누워 있어도 된다. 원숭이는 부단히 움직여야 하기 때문에 체력이 소모가 더 증가해 노동을 가속시키고, 사자는 움직이지 않기에 비례해서 휴식이 연장된다.

원숭이와 사자를 비교해볼 때 벌거숭이 원숭이는 한국인이고, 사자는 서양인이 아닐까 하는 생각을 하게 된다. 한국인의 상식이요 주식은 쌀과 채소로 식물성이며, 고기는 제사 때나 쓰이는 음식이었다. 현재에도 어디까지나 고기는 부식에 불과하다.

이에 비해 서양이나 중앙아시아 사람들의 주식은 고기요, 고기에 물리지 않기 위해 약간의 채소를 먹는다. 그로 인해 채식을 하는 한국인은 부단히 움직이고 바쁘지만 육식을 하는 서양인은 바쁠 때 바쁘더라도 쉴 때는 느긋하게 쉰다.

사자가 먹이를 잡을 때는 비록 그것이 하찮은 토끼일지라도 필사적으로 도망치기 때문에 덩달아 열심히 쫓아갈 것이요, 보다 몸집이 큰 동물이면 필사적으로 반항하기 때문에 이때도 전력을 다하지 않으면 안 된다. 하지만 원숭이의 먹이는 나뭇잎이나 나무열매이기에 전력을 투입할 필요는 없다.

곧 서양 사람은 노동에 전력 집중을 했다가도 휴가 때는 휴양과 유흥의 세계로 빠져든다. 그렇지만 한국인은 일과 휴가의 한계가 모호하다. 하루 종일 일하면서 중간 중간에 잡담도 하고, 차도 마시고, 담배도 피운다. 곧 일하는지 노는지 한계가 분명치 않고 하루 종일 일하면서 놀고, 놀면서 일하는 것이 원숭이 생리다.

또한 전력을 집중하지 않기에 긴장도 없고 레저도 별반 필요 없다. 그러나 서양인의 직장 생활은 근무 중에 차를 마신다거나 잡담 또는 손님을 만나는 법이 없고, 또 전화도 비즈니스 이외는 모두 시간 외로 미룬다. 하루의 근무 시간을 밀도 높고 박력 있게 일하고는 정각이 되면 칼로 자르듯 일에서 손을 떼고 사생활로 접어든다.

한국인의 근무 시간은 밀도도 낮고 박력도 없다. 친구에게 편지도 쓰고, 마누라에게 저녁 찬거리가 뭐냐고 물어보기도 하며, 손톱도 자르고, 거울로 잇새를 들여다보기도 한다. 그리고 퇴근 시간보다 반시간, 한 시간이 넘게 더 일하고도 노동의 과잉이라는 걸 실감하지 않는다. 곧 공동생활에서의 전환이 분명치 않게 넘어간다.

한국인은 레저를 즐기지 않고 레저를 일(노동)한다. 일 속에 놀이가 있고, 놀이 속에 일이 있는 것이다. 옛 우리 선조들의 직무 습성에서도 이 성향은 너무도 뚜렷이 나타난다.

갑오개혁 후 육조가 아문으로 개화된 이후, 중앙 관서의 관리들은 돗자리와 목침까지 들고 출근했으며, 일하다가도 관방 하나를 비워두고 수시로 들어가 낮잠을 자는 것이 습관이었다. 파블로프 러시아 공사가 외교관계 업무 때문에 외부 아문에 찾아갈 때면, 으레 이 시에스터(낮잠 자는 군인) 관방에 들어가 관리를 두들겨 깨워서 일을 보곤했다 한다.

조선 중기 때는 정승 판서들이 입궐하는 일 이외에는 주로 집에서 집무하는 것이 조금도 흠이 아니었다. 중종 때 좌의정 이행李荇은 서울 남산 기슭 청학동에 살면서 야인처럼 허술한 옷차림에 지팡이를 짚고

소요하면서 나무 밑이나 계곡 바위에 걸터앉아 그때그때 녹사錄事가 들고 오는 서류에 결재를 하곤 했다.

어느 날 날이 저물 무렵, 한 녹사가 정승에게 보고할 일이 있어 말을 타고 청학동을 찾아드니 동구에 한 늙은이가 나막신을 신고 떨어진 옷을 걸친 채 아기를 하나 업고 거닐고 있기에 "정승 계시냐?"고 물었다. 이에 "나, 예 있다"고 그 늙은이가 답하니 녹사가 놀라 말에서 떨어졌다는 고사는 유명하다.

공사가 분화되지 않은 정도가 이와 같았던 것이다.

Chapter 02

밥 먹는 손이 부끄러운 한국인

 한 프랑스 사회학자의 관찰에 의하면, 영국은 먹는다는 것을 하나의 사무로 간단히 취급하는 문화라고 한다. 영국 사람에게 먹는다는 것은 일정한 열량과 영양을 섭취한다는 그 이상의 별다른 이유가 부여되는 법이 없다. 그러기에 영국 대학의 학생 식당에서 식사하는 학생들의 평균 식사 시간은 7분으로, 프랑스 대학 식당의 40~50분에 비해 현저하게 짧다.

 이 문제를 거론한 이가 프랑스 사람이기에 그것이 이질적으로 느껴졌을 것이다. 왜냐하면 프랑스 사람에게 식사는, 사는 데 필요한 사무의 하나가 아니라 하나의 행사에 가까운 의미를 내포하고 있기 때문이다. 그들의 식사 시간은 보통 2시간 내지 3시간으로, 그동안 식사를 충분히 즐긴다. 칼로리가 있고 영양만 있으면 되는 것이 아니라 맛이 있지 않으면 안 된다. 그것이 프랑스 식사 문화의 원칙이다.

사이공에 있는 마제스틱 호텔의 만찬은 동남아에서도 소문이 나 있기에 항상 만원이다. 때문에 으레 대기실에서 기다리기 마련인데, 식당 지배인이 오늘은 빈자리가 나기 힘들 것 같다는 상투적인 인사말로, "오늘은 프랑스 손님이 많습니다"라고 한다.

프랑스 사람이 한번 자리를 차지하면 그날 밤 그 자리는 끝장이 난다는 것이다. 프랑스가 영국보다 잘살아서가 아니다. 모든 경제 통계를 봐도 동일 수준이거나 다소 영국이 높다.

필요한 최저의 것만 있으면 된다는 식이적인 사고와 맛있는 것을 즐겨 먹어야 된다는 행사로서의 사고 차이는 문화의 상이相異일 뿐 수준의 차이는 아닌 것이다.

프랑스 사람들은 영국 사람의 식생활을 빈곤이라고 말할지 모르나 영국 사람들에게 평하라면, 프랑스 사람들은 먹는 것을 향락한 결과 유약해졌다고 말할 것이다. 바꿔 말하면 영국 문화 속에서의 '식'이 놓인 위치는 상대적으로 낮고, 프랑스의 가치 체계 속에서는 '식'이 차지하는 위치가 상대적으로 높다는 것이다.

곧 의·식·주 세 가지 생활 요소가 어떤 문화 속에서 어떤 가치와 의미가 부여돼 있는가는 나라에 따라 차이가 심하며, 그 차이는 그 나라 사람들의 의식구조와 밀접한 연관이 있다. 전 세계적인 의·식·주의 가치 체계를 견주어볼 때 한국 문화는 특수한 구조를 하고 있음을 알 수 있다.

먼저 '식'이 차지하는 상대적 위치는 한결 낮아 영국 형에 가깝다. '죽지 못해 먹는다'는 말처럼 먹는 것은 아주 간단한 사무이며, 그 식사에 쾌락적인 가치를 끌어들이는 일에 한국인은 무관심할 뿐 아니라 오히려 부덕시한다.

한국 문화에서 잘 먹는다는 것은 부도덕하다. 맛있다, 맛없다고 음식 타박하는 사람과 그저 아무 말 없이 묵묵히 먹는 사람 중 어느 쪽이 바람직한 인간상인가를 묻는다면 두말할 나위 없이 후자 쪽이다.

그리고 한국에서는 라틴 계통의 민족이나 중국 사람들처럼 두서너 시간 동안 먹고 배 두들기며 낮잠 한숨 자고 나서 일하는 인간상은 폐인 취급을 한다. 한국인의 식사는 연료가 떨어진 자동차가 주유소에서 잠시 연료를 보급 받는 행위와 다를 게 없다.

이는 식사 횟수에서도 현저하게 차이가 난다. 서양에서는 다섯 끼 먹는 것이 관례이며, 중국에서도 보통 네 끼를 먹는다.

이에 비해 한국인이 세 끼를 먹게 된 것도 개화기 이래 극히 근대에 형성된 개화 습속으로, 옛날에는 해가 긴 봄과 여름 일곱 달만 세 끼를 먹고, 가을과 겨울 다섯 달 동안에는 두 끼씩 먹었다. 곧 이 세상에서는 드물게 두 끼 민족인 것이다.

그 두 끼에 점심이 끼면서 세 끼가 됐는데, 점심의 어원은 소식 小食

이란 뜻에서 비롯되었다. 순조 때 실학자 이규경이 점심點心을 고증하였다. 중국에서는 새벽녘에 간단히 먹는 밥을 점심이라 했다. 모든 굶주림은 마음에서 나오는 것이요, 먹이를 점찍듯 그 마음을 찍으면 굶주림을 간단히 면할 후 있다는 뜻이 담겨 있다. 또 식사를 '요기'라고도 하는데, 이는 애처롭게 굶주림이나 시장기를 면한다는 요기療飢가 어원이고 보면, 한국인의 식사관이 분명하게 느껴지지 않는가?

Chapter 02

한국인의 10년은 중국인의 100년보다 길다

이스탄불의 명물로 '메르샤움 파이프'라는 담뱃대가 있다. 해저의 플랑크톤이 석화한 것으로 우리나라에서는 해포석海泡石이라 부르는 것이다. 이 해포석은 장미 뿌리처럼 탄화하지 않으며 겉은 하얗고 매끄러우나 속은 육안으로 볼 수 없는 무수한 구멍이 나 있어, 오랫동안 사용하면 니코틴이 그 구멍에 흡수되어 불그레한 호박색으로 은은히 물이 든다.

그렇게 되면 담뱃대라기보다는 하나의 미술품으로, 그들 표현대로 '잘 익은 메르샤움'은 시가 1만 달러로 매매된다고 한다. 이 정도 익히는 데 끽연 시간은 무려 400년 정도가 소요된다. 이 말을 듣고 깜짝 놀라 입을 딱 벌리자 오히려 놀라는 나를 이상하다는 듯 바라보며, 바로 이 호텔 수위 할아버지도 400년짜리를 갖고 있고, 식당 종업원도 300년짜리를 갖고 있다는 것이다.

자손대대로 물려가며 하나의 미를 완성하는 이 파이프의 시간적인 여유가 이질적으로 느껴질 수밖에 없었다.

이스탄불의 시장에서도 그 같은 터키 사람들의 시간 감각을 느낄 수 있었다. 시장을 구경하다가 고풍의 가구가 눈에 띄어 호기심이 생겨 서랍을 열어보려 했으나 열리지 않았다. 옆에 있던 상인이 빙긋 웃으며 이유를 말해줬다.

"겨울이라서 열리지 않는 거예요. 기후 때문에 수축이 되어서 여름이 되기 전에는 절대로 열리지 않으니까 중요한 물건을 넣어두기에는 안성맞춤이죠."

이것은 그들이 세상을 사는 생활의 지혜였다. 초조해하지 않고 생활에 시간을 두는 충분한 여유가 작은 서랍까지도 존재 이유를 다르게 부여하고 있는 이상한 나라였다.

유럽 사람들이 양쯔 강 유역에 방축을 쌓고 길을 넓히고 은행을 세우기 시작했을 때, 중국 사람들은 주권이 침범되고 나라 체면이 어떻게 되건 간에 궁색한 말 한마디 않고 내버려두었다. 무력해서, 또는 국가의식이 없어서가 아니었다. 그들 땅에 남는다는 무의식 속의 체념과 그것을 인내하는 시간의 여유 때문이었다.

장자의 말 중에 도둑을 막으려면 농의 자물쇠를 잠그고, 도둑을 잡으려면 자물쇠를 열어두어야 한다고 했다. 어쩌면 일본이 대만과 만주를 점령하고, 개발하게 놔둔 것은 자물쇠를 열어놓고 도둑을 잡은 경우일지도 모른다. 이 같은 '만만디'의 여유는 그들의 각박하지 않은 시간 개념에서만이 가능하다.

'프러시아의 10년은 로마의 100년'이라는 속담도 있듯이, 로마 사람들은 시간을 여유 있게 생각한다. 영국 속담에 '인도 사람 소꿉친구 만나듯'이란 말이 있는데, 이 말은 40년, 50년 만에 만난 사람도 바로 며칠 전 만났던 사람처럼 덤덤하게 대하는 시간 감각에 대한 생활 습속을 대변해준다.

중앙아시아에서 만난 유목민들에게 나이를 묻는 것처럼 어리석은 일이 없다. 나이를 물으면 그들은 대개 "20~30년 살았나……", "40~50세쯤 될 겁니다"라고 남의 나이 말하듯 한다. 그들에게는 나이가 중요하지 않고 그렇기에 외울 필요가 없다. 시간에의 등한等閑이 이 정도였다.

터키·중국·로마·인도는 문명사로 보나 지정학적으로 보나 자신들이 세상의 중심이라는 중앙의식이 강한 나라들이다. 그들은 역사에 끊어짐이 없었기에 수천, 수백 년 전의 것이 그대로 많이 남아 있고, 그렇기에 시간의 크기에 길들 수밖에 없었다.

이에 비해 우리나라는 지정학적으로나 문명사에 비춰볼 때 '길목 문화권'에 속해 있다. 그래서 항상 시간적으로 정착되지 못하고 과도의식에 사로잡혀 있다. 그런 과도의 점철로 역사가 이어졌으므로 시간의식은 짤막하게 끊어지고 각박하며, 짧은 시간 동안의 생존은 항상 바쁘고 성급하여, 장래나 다음을 감안하지 않는 '단칼의식'을 배양했다.

그러기에 한국인의 10년은 중국인의 100년, 인도인의 100년보다 길수밖에 없다.

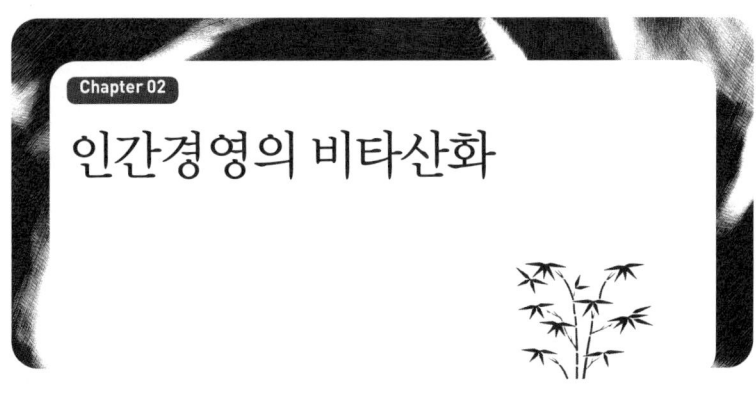

Chapter 02
인간경영의 비타산화

경영인들에게 비타산적으로 경영하라고 말하면 당치도 않은 소리라며 귀담아들으려고도 하지 않을 것이다. 경제 행위에 종사하는 사람들에게 타산을 하지 말라는 것은 경제 행위를 하지 말라는 말과 같기 때문이다.

우리는 선조들이 무작정 돈이나 재물을 천시하고 돈이나 재물의 본이 되는 타산을 천시하였기에 가난하게 살아왔다고 배웠다. 하지만 지금 이 시점에서 굳이 한국인의 전통적 의식구조 가운데 하나인 비타산 성향을 살펴보려는 것은 경제·경영의 본이 되는 금전이나 수지에 비타산 성향을 적용하라는 뜻은 아니다. 경영인의 인간 경영·인력 경영에서 비타산 성향의 의식구조를 십분 활용하면 경영상 이

득을 취할 가능성이 있다고 생각하기 때문이다.

　기업체들 가운데는 업무 능력을 높이기 위한 객관적 환경 조성에 투자를 하기도 하며, 작업 기능 향상을 위한 산업공학이 각광을 받기도 한다.

　예전에 미국의 대규모 피혁 공장을 방문한 적이 있었다. 그곳 피혁을 절단하는 칼날에 노란색 칠을 해놓기에 그 이유를 물었더니, 자동 절단이긴 하지만 자투리를 최소한으로 줄이기 위해서는 직공의 예리한 감시가 필요한데, 노란색이 가장 시선을 끌기 때문이라는 것이다.

　일본에서는 이런 일도 있었다. 모 백화점에서 쇼핑을 하고 밖으로 나오자 한 직원이 공손히 인사하며 보자기를 한 장 선물하고는 간단한 설문에 응해달라고 요청했다. 설문 내용은 정말로 간단한 것이었다.

　당신은 백화점 안을 돌아다닐 때 음악 소리를 들었습니까, 듣지 못했습니까?

　나는 듣지 못했기에 ×표시를 하고, 별난 설문도 다 있다는 생각이 들어 직원에게 이유를 물었다. 직원은 사실은 백화점 안에는 잡담소리 정도의 볼륨으로 음악이 흘러나오고 있다고 하면서, 쇼핑을 하는 손님은 지나칠 수도 있을 정도의 소리지만 백화점에서 일하는 직원들은 그 음악을 들을 수 있게끔 소리의 묘를 노린 것이라고 했다.

　그렇다고 그 음악이 직원들의 정서를 위한 것은 아니었다. 음악은 근무를 하는 직원들의 걸음걸이나 동작을 빨리 하게 만드는 것이었다. 대부분 바흐나 비발디의 관현악곡인데, 바로크 음악들의 기조가 질서 있는 율동으로 이루어져 있기에, 이 율동의 선율이 작업인의 귀에 흡수되어 자기도 모르게 발과 손의 움직임이 빨라진다는 것이다.

산업공학에 의한 작업 기능의 향상은 기업인의 이득과 밀접한 관계가 있긴 하나 두 가지 약점이 있다.

첫째는 인간을 객관적 조건으로 기계화시킨다는 데서 오는 혐오감이고, 둘째는 직접 착취를 당했던 노예와 다른 점이 있다면 객관적 조건으로 간접 착취를 당하고 있다는 굴욕감이 들 수 있다는 것이다. 따라서 이 혐오감과 굴욕감을 의식하고 작업에 임했을 때도 작업자의 능률이 오를 것인가 하는 회의와 오히려 작업 능률이 저하될 수도 있다는 가능성이 겹쳐 이미 산업공학의 기업 도입을 기피하는 경향이 있다고 한다. 정말 인간 경영을 이같이 타산된 금전경영으로 연장시키는 것은 서구식 경영의 큰 결함이 아닐 수 없다.

작업자를 큰 기계의 우수한 부속품으로 객관화시키는 서구식 경영이 비인간적이라는 마이너스 부담을 무시한다 해도 그것이 최고로 끌어올릴 수 있는 능률의 한계는 정해져 있는 것이다.

그런 식으로 작업자를 부속품으로 객관화하지 않고 자주적인 의지와 감정으로 작업에 임하게끔 주관화했다. 물론 그 인간 관리가 서툴면 능률은 형편없이 저하될 것이다. 그러나 인간 관리만 잘하면 산업공학으로 객관화함으로써 올릴 수 있는 최고의 능률을 한결 웃도는 능률이 가능하다.

여기에 바로 인간 경영의 비타산화가 중요한 요소로 등장하게 된다. 다행히 한국인은 전통적으로 비타산하는 의식구조에 체질화되어 있기에, 여느 다른 나라 사람들의 인간 경영보다 수월하다는 이점을 지니고 있다.

Chapter 02

15분 간격의 체내 시계

어느 일요일, 집에 틀어박혀 아이들이 노는 것을 유심히 관찰한 적이 있다. 일부러 그런 것은 아니었다. 오히려 유심히 보지 않을 수 없게끔 노는 데 일정한 단속성斷續性을 지녔기에 주의가 끌렸다고 하는 편이 옳다.

야구하겠다고 글러브와 방망이를 갖고 나갔던 아이가 30분도 못 되어 돌아왔다. 친구를 불러내는 시간과 오가는 시간을 제외하면 15분도 못 놀았다는 계산이 나온다. 집으로 돌아온 아이는 모형 만들기 공작을 하더니, 그 역시 15분 남짓하고는 턱을 괴고 엎드려 텔레비전을 보는 것이었다. 어느 한 행동을 15분 이상 지속하는 법 없이 급작스럽게 잘도 변했다.

이것을 유심히 보고 있자니 꽤 유명했던 과외 선생 이야기가 생각났다. 그의 인기 비결은 대체로 지속성이 없는 요즈음 아이들의 성향을 감안해서, 공부시키는 내용을 15분 혹은 30분 단위로 바꿔서 가르치기 때문이라는 것이었다. 15분 단절의 만화경萬華鏡 교육이 요즈음 아이들의 체질에 맞고 권태를 덜어주며 의욕을 북돋운다는 말이다.

이 15분주의의 촉매제로서 60년대 텔레비전 프로를 예로 들어보자. 우리나라 방송 프로가 15분 단위로 편성되고 있는 것은 이미 알고 있는 사실로, 2단위로서 30분, 4단위로서 1시간, 이 같은 단위가 모자이크처럼 엮여 있다. 그래서 15분 간 뉴스를 시청하고 30분짜리 홈드라마를 본다. 설악산에 폭설이 내렸다는 뉴스를 듣다가 갑자기 개그 프로를 보는가 하면, 어느새 가수의 노래가 흘러나온다.

이 같은 15분주의의 구별 감각과 구별 능력이 있어야만 비로소 텔레비전이라는 맹물과 접할 수 있게 되어 있다. 15분마다 단절되어 내용이 180도 전환하는 체내 시계가 생리적으로 체질화된 것이다.

하지만 이런 쿼터리즘(15분주의)이 체질화된 배경에는 과정에 성숙하지 못하고 결과에 집착하여 그 결과를 빨리 얻으려는 한국인의 의식구조도 공모하고 있다.

15분 간격의 체내 시간을 품고 있는 현대인은 글자를 읽는데도 15분 벽을 넘지 못한다. 그러니 대하소설을 읽는 독자가 점차 줄어드는 경향도 지극히 당연한 일인지도 모른다. 한국인이 평균적으로 조간신문을 접하는 시간은 15분 전후라 한다.

　2백자 원고지 1백 매가 넘는 대논문을 잡지에 게재한다는 일이 사라진 지는 이미 오래다. 길어야 15분 안에 독파할 수 있는 20매 안팎으로 메워지고 있다.

　비단 문화에서뿐만 아니라 오락 분야에도 이 쿼터리즘의 전염이 심각하다. 회전목마니 급류타기니 각종 놀이 기구의 소요 시간은 5분 이상 경과해서는 안 된다고 한다. 돈을 많이 벌기 위해서 짧게 끊은 것이 아니라 5분만 넘으면 사람들이 지루해 하기 때문이란다.

　비즈니스에서부터 레저에 이르기까지 현대는 쿼터리즘 일변도다. 이런 시대이기에 시간적인 지속성을 지닌 사람이 예외적인 위인으로서 우러름을 받을지도 모른다.

　이를테면 치체스터 경이 60이 넘은 나이에 혼자서 요트로 세계 일주를 감행했을 때 사람들이 찬사를 보낸 이유에는, 그것이 세계 일주라는 점에서도 위대한 일이긴 했지만 그 오랜 '시간'을 감내했다는 사실에 대한 무언의 감탄이 내포되어 있었다. 아무튼 현대 우리 사회는 일반적으로 시간적 지속력이 저하할수록 가치를 부여하는 이상한 세상이 돼가고 있는 것이다.

　그러나 이같이 촌단寸斷된 시간으로 각박하게 사는 것은 눈앞에 어른거리다 사라지는 것들뿐이요, 결과적으로는 소득도 없고 또 긴 시간에 따른 충실도란 의미에서 보면 인생에서 보람도 얻지 못하고 마는 그런 낭비의 단속인 것이다.

  결국 인생을 자잘하게 잘라서 소비해버린다. 인생을 위해 저축하는 행위가 아닌 것이다. 옛 공장工匠들은 불상 하나를 만드는 데도 10년을 공들이고 10년을 조각한다지 않았던가. 10년 후는 내다보지 못할지언정 최소한 1년이나 2년에 걸치는 지속된 틀이 지금 우리에게는 필요하다고 본다.

Chapter 02

시간의 경제적 가치

    시간을 인간적으로 다루는 문화권에 속하는 한국에서와는 달리 시간을 물리적으로 계산하는 문화권에 속하는 나라에서는 시간에 경제적 가치를 부여하려는 성향이 농후하다. 그 대표적인 것으로 '시간채금時間債金'을 들 수 있다. 일급·주급·월급 이외에 집값·이자·예금·강연료·보험료 등도 시간을 화폐 가치로 평가한 것이다. 대체로 시간을 오래 점유할수록 값이 비싸지만, 바빠지는 현대에 이르러서는 '시간 편익時間便益'이라는 개념이 중요해져서 점유 시간이 짧을수록 값이 오르기도 한다.

    미국에서 있었던 일이다. 캘리포니아 주 산호세에 사는 회계사 톰 호슬리는 데이트를 약속해놓고 그 시간에 나타나지 않은 카페 웨이

트리스인 앨린 체슬릿 양을 상대로 38달러의 손해배상 청구 소송을 제기했다. 그 38달러라는 별반 많지 않은 배상액의 청구 근거는, 그녀를 만나러 가서 기다렸다 돌아온 시간을 그가 평상시 벌 수 있는 시간당 수입으로 계산한 것이다. 시간을 가격으로 환산하는 데 체질화되지 않은 한국인에게는 이 사건이 이상하게 들릴지 모르지만, 약간 극성스러운 면이 없지 않은 서구인에게는 별스러운 일이 아니다.

인간적 시간 문화권에 속하는 한국인은 시간의 길이에 따라 금액이 정해지는 것이 아니라 일하는 양에 따라 정해진다. 시간이 얼마나 많이 소요되었는가는 그다지 큰 문제가 되지 않는다. 서구인이 시간 중심인 데 비해 한국인은 일 중심이기 때문이다. 이웃 동네로 보리 한 짝을 운반해주는 데 지불하는 비용은 짐 무게와 운반하는 거리를 따지고, 거기에 운반자의 노고가 얼마나 드는지 체험을 바탕으로 하는 인간 본위로 정해진다. 그 사람이 그것을 운반하는 데 두 시간이 걸리든 열 시간이 걸리든 특수한 경우를 제외하고는 시간은 비용을 정하는 데 중요한 조건이 되지 않는다.

모를 심거나 김을 매거나 벼를 벨 때 성인·부녀자·소년에 따라, 또 해가 길고 짧음에 따라 장품·중품·단품별로 한나절 또는 하루에 해낼 수 있는 일의 분량이 체험적으로 상식이 돼 있으며, 그 분량만큼만 일하기를 원하고 또 일해 주면 된다. 그러하기에 시간 임금제처럼 게으름을 감독할 필요가 없다. 일하다가 아이 등에 업혀온 젖먹이에게 젖을 먹이고 있어도, 또 바쁜 일로 잠깐 집에 다녀온다 해도 상관이 없다. 시간을 다른 데다 쓴 만큼 질적으로 해내기만 하면 그만이다.

'남은 품'이라 하여 남도南道 농촌에는 무보수 노동의 습속이 있는데, 이것은 무슨 사사로운 일 때문에 체험적 작업 분량을 달성하지 못했을 때 이튿날이고 사흘 후에 갚아주는 품을 말한다. 곧 인간이 시간의 노예가 되지 않고 인간이 시간을 지배하는 문화권에서만 있을 수 있는 습속이라 할 것이다.

이처럼 시간이 무시된 인간 본위, 일 본위의 시간관은 한국인의 의식구조 형성에 중요한 요인이 되고 있으며, 서구적 시간관에 지배된 오늘날의 관리 사회에서 갈등과 압력을 빚고 있는 것이기도 하다. 그러므로 일 중심의 한국인 시간관을 오늘날 관리 사회에 발전적·과학적으로 이용한다면 플러스알파의 효과가 있을 것은 자명한 일이다.

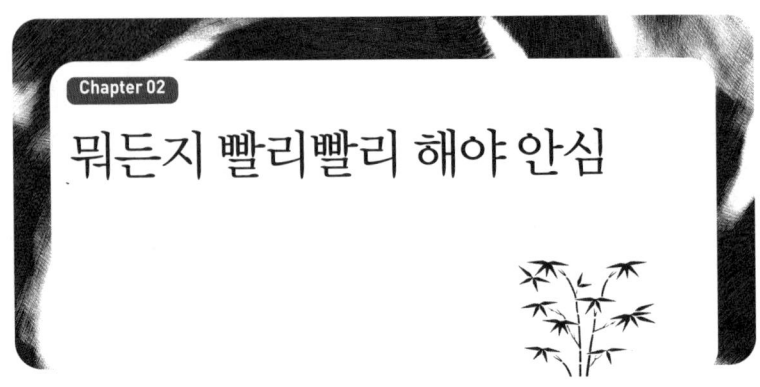

Chapter 02
뭐든지 빨리빨리 해야 안심

로마에서의 일이다. 비행기의 출발이 약 10분 정도 늦어졌다. 하지만 이에 대해 항의하는 승객도 없었지만, 스튜어디스는 음료수를 날라다주며 그 이유를 "키스 타임 루스"라고 말하며 살짝 웃고 지나갔다.

나중에 안 일이지만 승객 한 사람이 사랑하는 사람과 이별의 키스를 하느라 탑승이 늦어졌다는 것이다. 일종의 여객기 사회의 관용어로서 모든 승객이 애교로 용납하는 이유였다. 헐레벌떡거리며 달려와 대기하는 한국인으로서는 어처구니없고 또 상상도 못할 시간에 대한 완만한 여유다.

비단 차나 배, 비행기 타는 데만 바쁜 것이 아니라 한국인은 모든 일에 대체로 바쁘다. 그렇기 때문에 항상 빨리빨리 재촉하며, 빠르다는 것이 한국인의 미덕이 되었다. 거리의 어머니는 아이들 손을 잡아채며 빨리 가자고 재촉하고, 직장 상사는 빨리빨리 일을 하라고 한다. 학교에서는 선생님이 재촉하고, 차 안에서는 빨리 가자고 기사를 재촉한다.

정말 한국인 모두가 빨리빨리 달리고 있다. 물론 빠르고 바쁘다는 것은 시간을 번다는 뜻에서 플러스 가치를 가진다. 그러나 반드시 그 가치 때문에 서두르는 것은 아니다. 오히려 어떤 한정 시간 안에만 하면 되는 그런 일도, 또 졸속이 금물인 일도 일단은 빨리 하라고 성화다.

그렇다면 한국인의 바쁜 생리가 형성된 이유는 무엇일까?

첫째, 좁은 땅에 많은 인구가 들어서 사는 바람에 공간적 여유가 없고, 그 좁은 공간에 비집고 끼어드는 것이 생존 조건이 되었기 때문이다. 곧 공간의 선점을 위해서는 시간의 선행이 필연이라, 이 경쟁적 선행이 바쁘고 빨라야 하는 긴박감의 밀도를 주밀하게 한다. 전 세계에서 인구 밀도가 두 번째로 높다는 한국이기에 앞서지 않으면 그 무엇도 얻지 못하기 때문이다.

미국의 소도시로 이민 가서 살고 있는 한국인의 직업은 주로 야채나 과일 장사라 한다. 유대인이 차지했던 야채상의 판도를 한국인이 차지한 것이다. 그 악착스런 유대인이 선점한 생활 영역을 한국인에게 빼앗긴 근본 원인은 바로 한국인의 시간적 긴박감에 족탈불급足脫不及이었기 때문이다.

　기존 야채상보다 빨리 일어나 활동하니 보다 신선하고 질이 좋은 야채를 수요자들에게 공급한 것이 기존 경쟁자들을 따돌리고 살아남을 수 있던 조건임은 말할 나위가 없다. 한국인은 어느 민족보다도 선점 생리가 발달하여 그 생리의 조건대로 빨리 바쁘게 하는 데는 도사가 돼 있기에 미국의 상업 판도까지 바꿀 수 있었던 것이다.

　다른 야채상들이 새벽 6시에 일어나 농장에서 야채를 가져왔다면 한국인은 4시에 일어나 싱싱하고 질 좋은 것을 미리 사서 가게 앞에 벌여놓는다. 그러니 장사가 잘 될 수밖에 없다. 이런 행위가 상도의를 깨뜨리려는 얌체 심리에서 나온 것이 아니라, 오로지 한국인의 생존 조건인 선점을 위한 시간의 긴박감이 그렇게 한 것뿐이다.

　둘째로, 한국인의 긴박감은 몬순 기후 지대에 벼농사를 짓고 사는 농경민족으로서 필수적인 요소다. 대체로 농경민족은 해가 떠서 지는 동안은 바쁘기 때문에, 아침이 빠르다.

　우리 선조들은 새벽에 별을 보고 나가 저녁별을 보고 집으로 돌아왔다. 화로나 재떨이, 담뱃대 머리가 놋쇠로 된 이유는 잠이 없는 집안 노인들이 일찍부터 집안사람들은 깨우기 위한 방편이라는 역설이 있고, '잠 없는 노인 새벽에 일어나 톱니를 간다'라는 속담을 보더라도 세계에서 한국인은 일찍 일어나는 민족에 속한다.

아침이 늦은 민족은 라틴계다. 프랑스에서는 10시까지 가게 문을 열지 않는다. 스페인에서는 정오 직전에야 거리가 붐비기 시작하며, 점심은 오후 2시, 저녁은 보통 밤 10시에서 12시에 먹는다. 이탈리아도 대체로 아침이 늦다.

이에 비해 게르만계나 앵글로색슨계는 아침이 빠르다. 특히 미국은 아침이 빨라서 이른 아침을 맞이하는 게 미덕으로 여겨진다. 이 점으로 보면 미국도 농경민족이다. 세상은 아폴론적인 낮의 문화와 디오니소스적인 밤의 문화로 크게 구분되는데, 그렇게 나눈다면 한국은 아침의 문화다. 하루 세 끼 가운데 아침밥의 분량이나 질이 제일 좋고 양이 많은 것도 이 때문이다. 그러나 유럽에서는 영국만이 아침밥의 비중이 클 뿐이고, 스페인 등지에서는 차만 마시는 경우가 많다.

또 다 같이 바쁜 농경민족일지라도 농사의 주 종목에 따라 시간의 긴박감이 달라진다. 이를테면 서구의 주 종목인 밀농사는 파종만 하고 도중에 응어리진 흙더미를 한 번만 깨주면 수확 때까지 인력을 필요로 하지 않는 소노동수요小勞動需要 작물이다. 이에 비해 벼농사는 씨를 뿌려 거둘 때까지 88번 손이 든다 하여 쌀米이 됐다 할 만큼, 4월에 씨를 뿌려 10월에 추수할 때까지 반년 동안 쉴새없이 손을 써야 한다.

더욱이 잡초가 자라지 않고 벌레가 성하지 않으며, 홍수나 가뭄이 없는 유럽의 안정된 기후에 비해, 시시각각 변하는 몬순 기후대에 속하는 한국의 벼농사는 어느 시한에 정해진 일을 하지 않으면 농사를 망쳐버리는 극한 시한대의 연속이다. 어느 시한까지 모를 내지 못하면 폐농이요, 어느 시한까지 초벌 김을 매지 않으면 벼보다 잡초가 성해버린다는 시간의 한계가 계속된다.

수천 년 동안 그런 긴박한 시간의 연속 속에서 살아온 전통이, 한국인을 긴박하게 살아가게끔 체질화시켰다. 그래서 한국인은 항상 바쁘고 또 빨리빨리 재촉하는 것이다.

Chapter 02

"낫 마이 비즈니스!"

보스턴을 떠날 때 일이다. 머물렀던 코퍼리 플라자 호텔이라는 낡은 삼류 호텔에서 계산을 끝낸 다음 공항으로 달리는 차 안에서 계산서를 훑어보았다. 그런데 전혀 기억에도 없는 식사대가 80달러나 계산된 것이다. 깜짝 놀라 공항에 내려 호텔 회계 데스크에 전화를 걸었다.

내가 따지자 그 첫마디가 "낫 마이 비즈니스"였다. 그럼 누구의 일이냐고 묻자 자기는 교대한 회계원이며, 그것을 담당한 회계원은 내일 아침 8시에 출근한다고 말한 다음, 더 할 말이 있느냐 묻더니 전화를 끊어버렸다.

우리나라 최초의 미국 유학생이요 《서유견문西遊見聞》을 쓴 유길준

俞吉濬 선생의 유적을 찾아 세일럼 박물관을 찾았을 때였다. 담당 부서를 알 수가 없어 일단 아무데고 들어가 방문의 뜻을 밝혔더니 "낫 마이 비즈니스"로 응수했다. 겨우 담당관을 찾아가 유길준 선생에 관한 파일을 찾아내어 필요한 문건文件을 복사하고 싶다고 말했더니, 예상대로 "낫 마이 비즈니스"로 응수하는 것이었다.

이 같은 태도는 회교 국가들에 가도 말만 다를 뿐 매한가지였다. 이스탄불의 호텔에서 머물고 있었을 때 잠시 외출하고 돌아오니 잠가 놓았던 방문이 활짝 열려 있었다. 프런트 데스크에 가서 항의를 했지만 호텔 직원은 어깨를 우쭐하며 "인샬라!"라고 말할 뿐이었다. 이 말을 직역하면 알라의 뜻대로, 곧 신이 한 일이니 나는 알 수도 없고 내 알 바도 아니라는 말이다. 신이 한 일을 어떻게 거역할 수 있느냐는 이 말만 나오면 만사는 끝이다. 오히려 따지고 드는 쪽이 이상한 사람이 되고 만다.

이스탄불의 보스포루스 해협을 일주하는 3시 출발의 관광선을 예약해놓고 10분 전에 부두에 도착한 적이 있었다. 그런데 무슨 영문인지 배는 이미 3시 전에 떠나버린 것이었다. 가서 항의를 해봤으나 그들은 어깨를 으쓱하며 "인샬라"라고 할 뿐이었다. 더 이상 따진들 벽에 항의하는 꼴이 되고 말았을 것이다.

서양 사회나 회교 사회의 개인 책임에 관한 삼엄한 한계는 한국인에게는 이질적일 수밖에 없고, 따라서 한국인이 당하는 문화 충격 가운데 빈도 높은 요인이 되고 있다.

굳이 거론할 필요도 없겠지만 한국 사회는 개인 책임보다 집단 책임이 강한 편이다. 한국인이라면 자기 담당이 아니라 해도 호텔의 계산 착오에 대한 손님의 항의를 받는다면 정중히 사과하고 전표를 찾아서 확인해볼 것이다.

또한 호텔 방문이 열렸다고 손님이 항의하면 자기 담당 업무가 아니더라도 종업원들에게 수소문해서 그 이유를 알아볼 것이요, 시간 전에 떠난 배에 대한 항의를 받으면 대답해줄 자리가 아닐지라도 알아봐서 그 사정을 말하고 다음 배편에 갈 수 있게끔 조치를 취해줄 것이다. 곧 한국인은 개인 책임 한계에서 일하기보다 그 개인이 속한 집단의 책임 한계 속에서 일한다.

유목상업민족은 개인 단위로 움직이기에 개인주의가 발달하고, 농경민족은 집단으로 정착해서 집단으로 작업을 해야 하기 때문에 집단주의가 발달했다는 원천적인 이유도 있다. 그러나 서양 사회가 공업화하고 산업화하는 과정에서 분업화가 발달하였고, 그 분업의 시스템화가 고도로 발달했다는 데서도 개인 책임의 한계의식이 날카로워진 이유를 찾아볼 수 있을 것 같다.

곧 서양 사회는 한 개인이 결코 만능의 슈퍼맨이 아니라는 전제 아래 조립되었으며, 따라서 서양의 개인주의는 개인이 자신을 어떻게 지켜나가느냐의 처절한 싸움인 것이다. 그러기에 자신에게 관계없는 타인의 책임을 분담한다는 것은 어떤 의미에서 다른 개인의 책임 영역 침해라는 죄의식마저도 가질 수 있다.

그러나 한국 같은 집단 책임 사회에서는 비록 내 책임이 아니더라도 같은 집단 내의 일이면 마땅히 하는 것이 미덕이다. 그런데 이런 미덕이 개인 책임 사회에서는 악덕이 되는 것이다.

Chapter 02
빨리, 더 빨리 먹어야 미덕

한국 사람은 '맛있게 먹었다'고 하지 않고, '배불리 먹었다'고 표현한다. 배가 부르다는 것이 가치이며, 그것이 미각 면에서 어떠했는가는 물어도 안 되고 표현해도 안 되는 관심 밖의 일이었다.

그렇기 때문에 먹고 싶다는 욕구와는 전혀 관계없이 먹는 것이 준비된다. 다른 문화권에서는 먹는다는 것은 주체적 욕구이기에 선택의 원리가 작용하여 그 선택을 만족시키기 위해 메뉴라는 것이 식사에 필수가 된다. 그 메뉴 가운데서 먹고 싶은 것을 선택해서 먹는다. 식사에 그토록 냉담하다는 영국 사람도 이 점에서만은 예외가 아니다.

한데 한국의 밥상은 먹는 사람의 욕구와는 아랑곳없이 일방적으로 차려진다. 곧 식사의 제공자가 완전히 주도권을 쥐고 있다. 무엇이건 내놓는 건 가리지 않고 다 먹어야 하는 것이 한국에 있어 먹을거리의 근본정신이다.

식사의 속도 면에서 살펴보자. 주식 위주의 식탁(한국)이 부식 위주의 식탁(서구, 중국)에 비해 식사시간이 한결 짧다. 그 짧은 주식 식탁의 시간마저 단축하고자 세계에서 유례를 찾아볼 수 없는 유동식 패턴이 한국에 생겨난 것이다. 국물이나 숭늉 같은 액체에다 밥을 말아 유동체로 만든 다음 목구멍 너머로 흘려보내는 그런 '간편 식사 패턴'이다.

외국 항공의 스튜어디스에게 들은 이야기인데, 비행기 안에서 냉수를 찾아 마시는 손님은 한국인, 일본인, 미국인이라는 것이다. 유럽 사람들은 약을 먹는다든지 특수한 경우 외에는 물을 마시는 법이 별로 없다. 이것은 한국, 일본 미국의 물이 양질이기에 음식에 차지하는 물의 비중이 크다고 할 수 있으나 한국의 경우는 다른 이유도 더해진다.

한국의 밥상에는 반드시 국이 아니면 물이라도 올라야 하는데, 이런 외국에는 거의 없는 그 많은 탕반 종류가 상식(常食)으로, 모든 식품에 국물 없는 것이 드물다. 몸에 물이 좋다는 것이 유동식 유형의 한 원인일 수는 있지만, 빨리 먹기 위한 방편으로도 이 유동식의 특수성을 설명할 수 있다.

예부터 우리나라는 밥을 빨리 먹는 것이 예의였다. 그래서 천천히 먹는 아이들을 다그쳐 식사를 빨리 끝내도록 했다. '흥부새끼들 섬밥 먹어치우듯 해야 복받는다'는 남도 속담도 이 한국의 빠른 속도의 식사 문화를 잘 대변해주고 있다. 양에게 풀을 뜯기고 있는 동안 유유자적할 수 있는 목축문화와는 달리, 잠시도 쉬지 않고 일해야 하는 농경문화권의 특성일 수도 있고, 또 대대로 찌든 가난 때문일 수도 있고, 잇따른 외침, 가뭄 등 천재에 길들여진 피난 체질로 해석할 수도 있다.

그러나 이 같은 원인은 한국인의 조식粗食하는 많은 복합 원인 가운데 하나이거나 심화시킨 요인일 수는 있으나, 그중 어느 하나를 그 원인이라고 꼬집어 말할 수는 없다. 영국형 식사 문화가 영국이 가난해서 형성된 것은 아니듯 한국형 식사 문화도 한국인의 의식구조가 영향을 미친 것으로 보인다.

문화란, 사람을 두고 본능이나 욕구를 중요시하는 인간주의 문화와 그런 것을 극소화하는 인격주의 문화로 대변되며, 그 두 요소의 조화 비율로 어떠한 문화인가가 특징지어진다. 한국 문화는 곧 '인격'을 극대화하고 '인간'을 극소화시킨, 그래서 그 조화율이 가장 큰 차이를 나타낸 문화가 아닌가 싶다. 이를테면 식사는 인간 생존의 본능이요, 식욕은 사람의 오욕 가운데 으뜸이다. 그러기에 인간주의의 중핵이라 할 수 있다.

옛날 한국 농촌의 전형적인 모습으로 농촌의 모연(暮煙, 저녁 무렵 마을에 깔린 연기)을 든다. 농촌에서 연기가 깔리는 이유는 기압 때문이 아니라 굴뚝이 예외 없이 낮아 처마 위로 솟아 있는 법이 없기 때문이다. 곧 연기는 처마에 부딪혀 아래로 깔려야 하며, 위로 솟아서는 안 되게끔 한국인의 어떤 공통 의식이 제재를 하고 있었던 것이다. 마치 부富의 상징처럼 앞 다투어 높이 솟는 서구 농촌의 굴뚝에 비하면 대조적이다.

한국 땅에 수천만 명이 수만 년 동안 불을 때고 살아오면서 굴뚝이 높을수록 불이 잘 든다는 이치를 터득하지 못했을 리는 없다. 굴뚝이 높으면 잘 들이고, 또 지붕에 불이 붙을 염려가 없다는 것쯤 너무도 잘 알고 있으면서도, 한국인의 어떤 무엇이 그 위험과 불편을 감내하고서라도 연기를 남으로부터 은폐시키도록 집요하게 강요했단 말인가.

그것은 의문이 아닐 수 없다. 다만 한국인의 조식粗食식사 유형과 연결시켜 본다면 연기는 밥을 짓는다는 단적인 표현이요, 식사는 인간 본능과 욕구를 충족시키는 인간주의 문화의 중핵이란 관점에서, 그것을 극소화시키는 한국인의 의식구조의 소치가 아닌가 싶다. 밥을 짓는 연기는 한국인에게 부덕 요소였기에 은폐해야만 했던 것은 아니었을까.

그렇기 때문에 어느 집이라도 밥을 먹고 있는데 손님이 불쑥 들이닥치면 먹고 있던 밥상을 반사적으로 치우는 데 예외가 없다. 반찬이 없어 낯부끄러워서가 아니라 반찬이 좋아도 거의 무의식적으로 하는 행동이다.

홍콩이나 사이공의 대로에서 온 식구가 행인 틈에 아무렇지 않다는 듯 늘어놓고 식사를 하는 광경이나 또 라틴계 국민들이 한길에 차린 카페에서 식사를 하는 모습과 비교해보자.

결론적으로 우리 한국인의 식사는 노출되어서는 안 되고 은폐되어야 한다는 어떤 의식이 진하게 작용하고 있음을 알 수 있다. 이 같은 일련의 인간 극소화의 의식 작동은 비단 식생활뿐 아니라 주생활, 성생활, 인간 욕구 면에서 골고루 나타나고 있는 것이다.

Chapter 02
가난해지려고 노력해도 유지되는 부의 비결

대원군의 형인 흥인군 이최응李最應은 세도의 후광으로 재백財帛이 날로 늘어나 창고가 제1곳간에서 제9곳간까지 늘어났다. 그는 매일 아침 일어나자마자 고지기를 앞세우고 곳간마다 점고點考하는 것으로 낙을 삼았다고 한다.

그러던 어느 날, 제7곳간에 쌓인 날 꿩고기와 동태가 썩어 곳간 밖까지 악취가 풍기자 이를 본 고기지가 말했다.

"소인 우견愚見으로는 덜 썩은 것을 골라 친척과 이웃에게 나눠 주고 반쯤 썩은 것은 하인배와 복청다리 밑 노나리꾼에게 나눠 주는 것이 어떨까 합니다."

그러자 흥인군은 이렇게 답했다.

"재물이 밖에 나가면 안빈수분安貧守分하지 않은 증거가 되니 나의 부정을 탄로시키는 어리석은 일을 어찌 할 수 있겠느냐."

결국 썩은 것들은 다 버리고 말았다. 당시 장안에는 정가소鄭可笑라는 익살꾼이 있어 사대부들 사랑을 돌아다니며 시사를 풍자하는 만담으로 소문이 나 있었는데, 이 흥인군의 곳간 점고는 정가소의 특기로 사람들을 특히 웃겼다 한다.

언젠가 인도 뉴델리의 호텔에서 만난 한 한국 기업인이 그곳에서 약 300만 달러어치의 상품 수출을 흥정하고 있었다. 50대 후반의 이 사장은 외국어를 전혀 못해, 혼자서는 외출도 못하고 밥도 먹으러 갈 수 없었다. 당시 영사관 직원이 함께 다니며 통역을 해주었는데, 이 직원이 바쁜 일로 끼니 때 맞춰 오지 못하면 굶기 일쑤라 했다. 충분히 비서나 실무 책임자를 대동할 만한 재력이 있는데도, 가난한 소비철학에 찌들어 있던 이 돈 많은 한국인은 배를 곯으면서까지 돈을 벌어야 하는 처절한 상황을 무의식중에 감당하고 있었던 것이다.

예부터 천석꾼 2대를 못 가고, 만석꾼 3대를 못 간다는 말은 이 부소비富消費의 철저한 내향성 때문이다.

외향성 소비에 길들여 있는 서구인은 돈을 벌면 사회로 되돌려준다. 장학재단을 만들고, 구휼사업을 벌이고, 의학 발전에 기여를 하는 등 소비를 전 세계적으로 확대시킨다. 오히려 내향 소비에는 인색하여 2세를 퇴폐시키는 법이 없기에 그 부가 2세, 3세에 망하는 법 없이 영속을 하게 된다.

한국에서 가장 영속적인 부자로 경주 최준 가문을 든다. 10대 진사, 10대 만석꾼이었니, 적어도 300년 동안 만석 부를 유지했음은 이례적인 일이 아닐 수 없다. 10만석꾼, 5만석꾼이 허다한데도 겨우 만석 밖에 하지 않은 최씨 문중이 부자로 소문난 이유는 바로 다른 부자는 당대나 2대에 망한 데 비해 영속했다는 데 있다.

그것은 아무리 만 석 이상의 부가 들어와도 취하지 않고 그 잉여의 부는 소작인이나 가난한 사람들에게 돌려주었고, 또 아무리 높은 벼슬이 내려져도 사양하고 진사 벼슬로 자족하라는 문중가법門中家法이 엄했기 때문이다. 곧 높은 벼슬이 가져오는 화를 예방하고 부의 내향적인 소비가 몰아오는 폐를 예방하여 외향 소비를 한 것이 10대 만석꾼이라는 유일한 이례를 있게 한 것이다.

뿐만 아니라 경주 영천 그 넓은 지역에 사는 농민이면 최씨의 덕을 보지 않은 사람이 없기에 인망이며 인덕 또한 대단하여, 그가 애써 가난해지려고 노력해도 가난해질 수가 없었던 것이다.

CHAPTER 03

한국인의 도도한 정신

Chapter 03
끼니를 굶을망정 인격이 우선

　그리스 신화의 시시포스는 제우스신을 배신한 죄로 신벌을 받는다. 지옥의 구렁텅이에서 커다란 바위를 굴려 올리는 벌인데, 그 바위가 정상에 이르면 다시 굴러 떨어져 영원히 바위를 굴려야만 하는 숙명인 것이다. 그리하여 '시시포스의 바위'란 결과 없는 영원한 상승을 뜻한다. 멎을 줄 모르고 꾸준히 상향을 하면서 인생을 마치는 한국인은 어쩌면 누구나 시시포스인지도 모른다.

　사람은 제각기 삼각 잣대를 꾸준히 기어오르고 있다. 삼각 잣대의 일변은 그 사람이 속한 사회적 지위의 척도요, 다른 일변은 경제적 지위의 척도며, 나머지 일변은 인격적 지위의 척도다. 그 삼각 잣대의 어느 눈금 위에 자리 잡고서 보다 높은 위치에 있는 눈금을 향해 발돋

움하고 상향하는 것이다. 시대와 민족에 따라서 인격적 척도가 사회적 척도나 경제적 척도보다 우선시되기도 하고, 경제적 척도를 다른 척도들보다 더 중요하게 생각하기도 한다.

서양인의 의식구조는 이 세 변의 척도 균형을 잡을 줄 안다. 적당히 인격도 갖추고, 분에 맞게 사회적 지위도 확보하며, 그에 따른 경제적 지위도 향유한다. 어느 한 변의 향상을 위해 다른 것을 희생하는 법이 없다. 그런데 한국인의 의식구조는 어느 하나의 상향을 위해 다른 이 변二邊의 척도를 무자비하게 희생시킨다. 왜냐하면 강한 상향의 욕망 때문이다. 이를테면 조선 왕조의 가치관은 인격적 척도가 사회적 지위나 경제적 지위보다 몇 배 더 소중했다.

그래서 부모가 죽으면 복상하기 위해 아무리 높은 벼슬이라도 버리는 것이 인격의 척도 유지에 필요했기에 벼슬이라는 이름의 사회적 척도에 연연해하는 법이 없었다. 그리고 노부모가 계시면 아무리 높은 재상 반열에 있더라도 부모가 계시는 고을 인근의 군수나 현감의 낮은 벼슬을 자청하는 것이 인격의 척도 상향에 타당한 행동이었다. 뿐만 아니라 청빈이 뒷받침되지 않는 인격은 존립하지 않았기 때문에 재물을 탐하거나 축재를 하면 그것이 곧장 인격 파탄을 뜻하였다. 끼니를 굶으면서도 선비들이 긍지를 갖고 살 수 있었던 것은 그 인격에의 흠모가 따랐기 때문이다.

Chapter 03
어찌 하찮은 세숫대야에 절을 할 수 있겠는가

한국인의 존두사상尊頭思想을 알 수 있는 실례로 다음과 같은 일이 있다. 춘원 이광수李光洙가 만주에서 망명 생활을 할 때 단재 신채호申采浩 선생을 모시고 한방에서 유숙을 했다.

'한국 선비 최후의 보루'라고 일컬어지는 단재는 세수를 하고 나면 항상 어린애처럼 옷의 앞자락이 젖어 있었다. 궁색한 망명 생활이라 옷이라고는 누비솜옷 한 벌밖에 없었기에 젖은 옷을 볕에 말려야만 외출할 수가 있었다. 그렇기 때문에 춘원에게는 단재 선생의 젖은 옷을 말리는 것이 괴로운 일과일 수밖에 없었다.

하루는 이 일에 짜증이 난 춘원이 단재에게 옷이 젖지 않게끔 세수를 하시도록 권했다. 단재는 고개를 숙이지 않고 세숫대야에서 두 손으로 물을 집어 올려 뻣뻣이 쳐든 채 얼굴을 씻기 때문에 옷이 젖을 수밖에 없었던 것이다.

"고개를 좀 숙이고 세수를 하시면 옷이 젖지 않을 게 아닙니까?"

"뭐라고! 고개를 숙여? 세숫대야 같은 미천한 물건 앞에 머리를 숙이라고? 그런 상놈의 버릇을 누구에게 권하는 거야!"

조상이나 부모에게만 숙일 수 있는 존귀한 머리의 존엄성을 지키기 위해 옷 나부랭이가 젖는 것쯤 아랑곳없다는 단재의 사고와 행동은, 곧 한국인의 존두에 나타난 서열의식의 강력한 표현인 것이다.

개화기 때 미국에서 한국으로 선교사를 보낼 때면 한국에 관한 예비 지식을 미리 숙지시키곤 했다. 그때 빠뜨리지 않고 가르치는 것이 서양인에게는 이질적인 서열 관습이었다. 서열에 대한 의식과 관습의 체질화 없이는 한국에서의 선교가 불가능하다고 생각했기 때문이다.

이를테면 한국인의 방은 네모반듯한 평면이지만 그 평면의 부위마다 서열이 있다고 가르친다. 보통 구획이나 표지가 없어 분간하기가 어려운데, 그럴 땐 벽을 둘러보고 관모가 어디 걸려 있는가를 확인하면 된다. 그 관모가 걸린 벽의 아랫부분이 상석이기 때문이다. 그 반대편이 하석이 되므로 한국인의 방에 들어가면 반드시 하석에 앉으라고 가르쳤다.

서양인에게는 대단히 어려운 정신적 배경이 바로 한국인 특유의 서열의식이다. 머리는 육체에서 가장 존귀한 서열의 으뜸이기 때문에 머리는 상上이고, 위를 뜻한다. 서열에 있어 머리는 넘버원이다. 한국인을 이 세상에서 서열에 가장 예민하게 하고 서열의식으로 자기를 파악하게 하며, 그 의식을 체질화하고 사는 서열 민족으로 만든 원인이요 규범이 바로 이 존두사상에 있다.

곧 존두사상은 서열의식을 굳히는 근본적인 공식이며, 이 사상의 틀에 맞춤으로써 서열 사회에서의 인간 조건이 형성될 수가 있었다. 윗사람을 존중하는, 그럼으로써 한국 사회가 법률의 발달 없이도 질서가 안정되게 유지된 이면에는 이 존두사상이 이바지한 바가 크다.

현대의 한국인은 관을 벗어버렸다고 생각하고 있지만 아직도 그 넓은 관 아래서 살고 있다. 그리고 그것을 서구적인 가치관에 대비시켜 저주하고 열등시하는 것이다. 하지만 관이 갖는 심층의 가치, 곧 개념적인 관은 그 나름대로의 가치를 지니고 아직까지 우리 민족이 쓰고 있음을 알아야 한다.

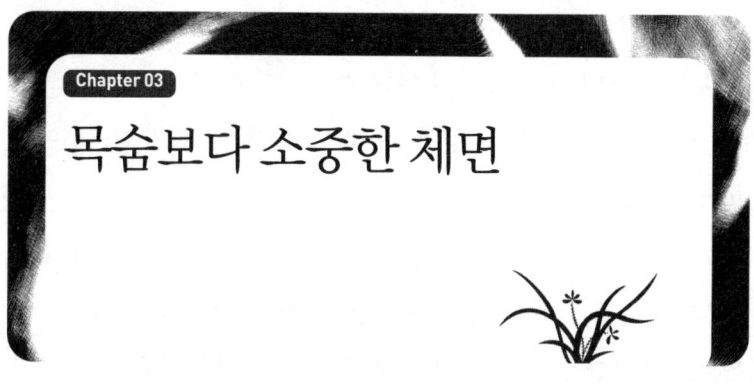

Chapter 03
목숨보다 소중한 체면

　뉴델리 국제공항에 접근하고 있는 비행기 안에서의 일이다. 옆자리에 앉아 있던 잘 차려입은 인도 사람이 입국카드를 좀 써달라고 부탁했다. 홍콩에서 탑승한 이 인도인은 터번을 둘렀고, 고급 향수 냄새를 풍겼다. 손에 낀 다이아몬드 반지는 내 평생 처음 보는 크기의 것이었다. 차림새로 보아 돈은 많아 보였는데 문맹인 모양이었다.
　입국카드의 항목대로 물어본 다음 써주었더니, 이 인도인은 묻는 말에 대꾸하면서 혼자말로 투덜대는 것이었다.
　"나는 글 따위를 몰라도 백만장자가 됐어. 이 세상에 글 따위를 만든 자는 저주를 받을지어다."
　나는 속으로 웃으며 그의 입국카드를 건네주었다. 그러자 그는 고

맙다고 말하면서 안주머니에 손을 넣더니, 백 달러짜리 지폐를 한 장 꺼내 주는 것이 아닌가. 순간 나는 발끈 달아오르는 모멸감을 느꼈다. 이러한 감정은 비단 나뿐만 아니라 그런 경우를 당한 한국인이라면 누구나 느끼는 감정일 것이다.

모멸감을 주기 위해 이 인도의 백만장자가 돈을 준 것은 아닐 것이다. 하지만 그 돈을 건네주고 건네받는 물리적 공간은 겨우 한 자 남짓도 안 될 정도로 가까운 거리였지만, 그 과정에서 한국인과 인도인의 의식구조가 벌려놓은 심리적 공간은 몇 백 리는 떨어진 아득한 것이었다.

물론 대서의 대가니까 받아도 되고, 한편으로는 받고 싶기도 했다. 대체로 한국인을 일본인으로 오인하는 경우도 많기 때문에 나라 체면이 깎일 것도 아니고, 인색하게 쓰면 열흘 동안의 숙식비가 해결되는 큰돈이기에 궁기가 낀 이 해외여행에서 횡재가 아닐 수가 없다.

그렇지만 나는 정중한 거절로 돈을 돌려주었다. 그랬더니 이 백만장자는 웃긴다는 표정으로 창밖을 내다보며 다시 혼잣말을 하는 것이었다.

"세상에, 체면 따위를 지키는 자도 저주받을지어다."

워레스의 소설 《노벨상》이란 책에 보면, 나체일 때 여성이 느끼는 수치심의 영역이 세계적으로 공통된 것이 아니라 나라에 따라 달라지는 사회적인 것이라고 전제하고, 다음과 같이 기술하였다.

'만약 벌거벗은 스웨덴이나 프랑스, 미국 여성을 우연히 만났다 하자. 그녀들은 맨 먼저 손으로 치부를 가릴 것이다. 중국 여인이었다면 맨 먼저 발을 가릴 것이요, 사모아 여인이었다면 배꼽을 가렸을 것이다.'

그렇다면 한국 여성이었다면 어떻게 했을까? 두말할 나위 없이 얼굴을 가렸을 것이다. 얼굴은 그만큼 한국인에게 큰 뜻이 담겨 있다. 라틴어계에 있어 얼굴이란 말은 물리적 표면을 뜻할 뿐 한국처럼 정신적 내용을 의미하지는 않는다.

하지만 한국의 얼굴은 물리적 표면의 뜻 이외에 더 많은 뜻으로 쓰이고 있다. '얼굴을 들 수 없다', '얼굴이 안 선다', '볼 낯이 없다', '얼굴에 먹칠한다' 등은 체면의 의미로 쓰이기도 하고, '얼굴이 통한다', '얼굴이 넓다', '얼굴로 부탁한다' 등은 안식眼識으로 쓰인다. 이 차이는 바로 한국 사람이 서양 사람보다 얼굴로 대변되는 면목이나 체면을 한결 소중히 여기는 의식구조 때문이라 할 수 있다.

그렇기 때문에 한국인에게 있어 얼굴은 재산보다 소중하기에, 간혹 죽음을 불사하기도 한다. 또한 경우에 따라서 내각을 붕괴시키고 전쟁을 일으키기도 한다.

Chapter 03
마지막 남은 고기 한 점의 의미

　설렁탕집에서 수육 한 접시 시켜 놓거나, 호프집에서 감자튀김을 시켜 놓고 여럿이 둘러앉아 먹을 때마다 벌어지는 재미있는 현상이 있다. 그것은 접시에 마지막 남은 한 개는 웬만하면 아무도 먹지 않으려 한다는 것이다.
　집어 먹을 수도 있지만, 어쩐지 그것을 집어 먹기에는 겸연쩍고 얌체 같고 버릇없이 여겨질 것 같은 선입감에 감히 손을 내밀지 못하는 것이다. 어떤 음식이건 간에 한국인이라면 누구나 한 번쯤은 체험한 사실이지만, 마지막 남은 한 개를 기피하는 현상은 외국인 음식상에서는 전혀 찾아볼 수 없는 한국인 특유의 의식이다. 왜냐하면 여러 점의 고기나 감자튀김이 많이 있을 때는 우리라는 자격으로 그것을 먹을 수 있지만, 마지막 한 개는 그것을 집어 먹었을 때 우리 속에 매몰된 내가 먹는 것이 노출되고 따라서 우리를 파괴하는 행위가 되기 때문에 겸연쩍고 얌체 같고 버릇없어 보인다는 죄악감이 드는 것이다.

나의 노출은 '우리'를 추구하는 사회에서는 이같이 항상 죄악감을 수반하게 마련이다. 이처럼 한국인의 식사는 우리가 배려되면서 진행된다. 맛있고 구미가 당긴다고 우리의 눈치를 무시하고 그것만 먹어서도 안 되고, 또 서양 사람처럼 일단 자기 몫을 확보해 놓고 먹어서도 안 된다.

누구나 마지막 하나를 먹지 말자고 약속한 것도 아니고, 또 마지막 남은 하나를 먹으면 불행이 닥친다는 주술적 이유가 있는 것도 아닌데, 대개의 경우 접시에 남은 마지막 하나는 아무도 손을 대려 하지 않고 끝내는 남은 채로 접시에 들려 나가는 경우가 비일비재하다. 아이 돌집에 초대돼 가서 떡을 집어 먹다가 마지막 남은 떡 한 점을 집어먹기 쑥스러웠던 그런 기억도 같은 맥락이다.

나는 외국나들이를 통해 이 마지막 한 점을 기피하는 한국인의 식습관이 한국인 고유의 개연성이라는 것을 확인할 수 있었고, 그렇다면 이 개연성에 어떤 전통적인 문화적 요인이 뒷받침된 것은 아닌가 하는 의문을 품게 되었다.

마지막 남은 한 개를 먹는다는 것은 나를 노출시키는 것 외에도, 집단 속에서 균형과 안정을 찾는다는 성향에 사로잡힌 우리에게 집단의 균형을 깨뜨리며 과욕을 노출한 것이 된다. 그것은 집단생활에서 이단 행위이며, 따라서 개체는 항상 말없는 집단의 감시를 받고 있는 것이다. 서구 사회에서는 남은 고기 한 점을 먹고 싶다는 정도의 본능적 욕구가 집단에 의해 제재받는 법도 또 감시받는 법도 없다.

한국인은 집단을 위해 자기희생을 하는 데 체질화되었고, 서구인은 자기희생을 덜 한다는 그 차이에서 이 '마지막 남은 고기 한 점'의 한국적 해석이 가능하다.

Chapter 03
물질보다는 권위나 명예가 우선

한 민속 조사 자료에 양평 용문산 드림터에 있는 학질 바위에 대한 구전이 채집돼 있었다.

3년 동안 학질을 앓고 있는 여자아이가 있었다. 백방으로 손을 써도 낫지 않자 어머니는 이 여자아이를 앞세우고 10여 길이나 되는 벼랑 위에 올라갔다. 학질은 매우 놀라게 해야 떨어진다는 말이 있기에 딸을 놀라게 해주기 위해서였다. 어머니는 아이를 벼랑에서 밀었다. 그리고 이제 학질이 떨어졌겠지 하고 희색을 띠고 집으로 돌아가 버렸다는 것이다.

그러나 아이는 학질은 물론 목숨까지 떨어졌을 것은 자명한 일이다. 학질을 떼는 것은 아이를 살리기 위해 행해지는 행위인데, 학질 때문에 시달리며 쌓인 오래된 감정이 아이가 죽을 것조차 감안하지 못할 만큼 돌발적으로 폭발한 한국인의 개연성을 우화로 표현한 무척 흥미로운 이야기였다.

빈대 잡기 위해 초가삼간 불태우고, 홧김에 서방질한다는 것은 속담에서만 존재하는 것이 아니라, 그럴 수 있는 한국인의 의식을 간파한 것이기도 하다.

사이공에서 있었던 일이다. 미국인이 경영하는 한 냉동 회사에 한국인 기술자 5명이 고용되었다. 이들이 첫 급료를 받은 날, 예상했던 것보다 월급이 훨씬 많이 공제된 것을 알자 그들은 급료를 모두 거둬 사장실을 찾아가 아무 말 없이 반환하고 돌아왔다.

그리고 그 이튿날에도 여전히 출근해서 일을 했다. 당황한 것은 미국인 사장이었다. 무엇이 어떻게 잘못되었다고 시비를 따지고 타결하는 것이 아니라, 탄탈로스의 접시 물처럼 그 모두를 쏟아버리는 것으로 의사 표현을 한 것이다. 곧 자학적 처리를 한다. 타산이나 보수나 금전 거래에 있어서의 불만을 자기 이익이나 권리를 완전히 포기함으로써 표시한다. 이 같은 행동을 서양 사람들은 이해할 수 없을 뿐만 아니라 우습게 보기까지 한다.

서양 사람들처럼 둘은 하나보다 크고, 셋보다는 크지 않으나 제로보다는 절대적으로 크다는 합리적 가치관과는 달리 제로가 경우에 따라서는 둘이나 셋보다 클 수 있고, 큰 마이너스를 적은 플러스로도 생각할 수 있는 민족이 바로 한국인이다. 이는 불평등, 굴욕감, 소외감 등 정신적인 피해를 물질적인 피해보다 한결 크고 중대하게 생각하기 때문이다.

신분이나 권위나 위신에 상처 입히는 어떤 물질적 이익도 배격한다. 곧 나는 순수 작가이기에 신문 소설을 안 쓴다, 학자이기에 잡문을 안 쓴다, 성격 배우이기에 통속 드라마에 출연 안 한다, 고급 공무원이기에 포장마차에 안 들어간다, 국장 부인이기에 평사원 부인들의 계에 안 낀다.

그러므로 한국인은 보통 어떠한 물질적 이익도 그것으로 주관적·정신적 위신이 훼손된다고 판단했을 때는 그 이익을 무화하는 데 주저하지 않는다.

한국인에게는 모래에 혀를 박고 죽는 일이 있어도 하지 않는 일이 너무 많다. 그들은 현실적인 자기보다 이상적인 자기를 살리기 때문에 그렇다. 아무리 가난하고 성공하지 못한 사람일지라도 그것은 부모를 잘못 만났거나 불우해서일 뿐 결코 능력이 없어서가 아니라는 사실을 자타가 인정하고 있다. 한국인을 대할 때 그 사람의 현실보다 그 사람의 이상을 알아내어 대하는 것이 미덕이며, 그러하지 못할 때 악감정을 사게 된다.

이 글은 산도山島라는 한국 이름으로 한말에 궁내부와 외부의 고문으로 와 있었던 미국인 윌리엄 샌드의 기록으로 한국인의 의식을 잘 간파하고 있다.

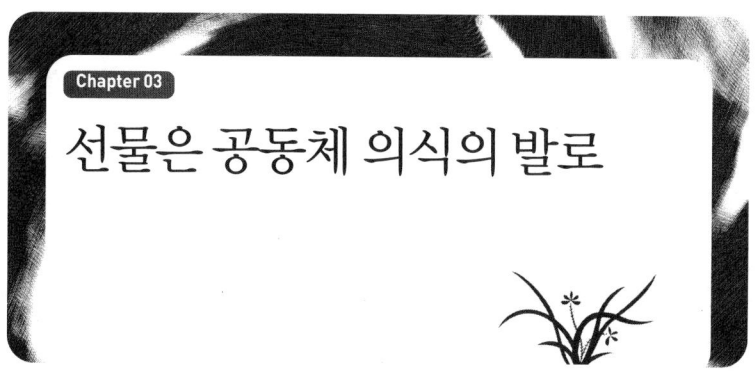

Chapter 03
선물은 공동체 의식의 발로

 명절이면 선물을 주지도 말고 받지도 말자는 운동이 벌어지곤 한다. 많은 사람들 역시 당연히 그러해야 한다고 생각하고 있다. 한데 시위 가두에 나선 사람이나, 또 그러해야 한다고 생각하는 사람들도 명절 때 정작 주고받는 선물이 없고 보면 막연한 소외감을 느낄 것이다. 그것은 이제까지 주고받던 선물이 끊어진 데 대한 허전함 때문이 아니라, 선물이 밀착시키고 있는 한국 사회의 어떤 연대의식에서 외따로 나가 떨어져 있다는 구조적 고독 때문이다.
 선물에는 야누스처럼 양면성이 있다. 어떤 선물은 없애야 하며 또 계몽이나 자각으로 없앨 수도 있지만, 어떤 선물은 인위적으로 없앨 수도 없으려니와 오히려 조장해야 하기도 한다.

철종 때 외척인 김좌근, 김수근, 김문근이 교동校洞에 살고, 김병국, 김병학, 김병기가 사동寺洞에 살았기 때문에 안동 김 씨의 세도를 줄여 말할 때 교사주문校寺朱門이라 했다. 명절이면 팔도 360주의 수령들이 선물을 들고 이 교사주문으로 몰렸다. 대원군 때 세도를 부렸던 천하장안千河張安의 문안에는 곳간이 열두 개씩이나 있었다 한다.

이 같은 목적이 가미된 선물의 전통은 꾸준히 지속되어 오늘날의 선물 생리를 이루는 한 중요한 요소가 되었다. 곧 선물의 탈을 쓴 뇌물이다. 이런 선물은 배격돼야 하며, 배제할 수 있으며, 또 사회가 정상화되면 소멸되는 그런 성향의 선물이다.

하지만 한국인에게는 이런 목적성 선물이 아니더라도 무척 선물하기를 좋아하는 특이한 민족 기질이 있다. 아마 해외여행을 하는 사람이 공통적으로 갖는 관심과 고민은 한국으로 돌아갈 때 사야 하는 선물 걱정일 것이다.

누가 꼭 선물을 요구한 것도 아닌데, 강요받고 있다고 생각하는 것은 한국인의 의식 속에 그것을 강요하는 어떤 공통분모가 도사리고 있기 때문이다. 비행기 속에서나 면세 판매점에 줄지어 서서, 최대한의 술과 담배를 사는 것이 상식처럼 돼 있는 것도 이 공통분모의 작용 때문이다.

서양인은 여행 중에 자기가 마시고 피울 분량만큼만 사는 데 반해, 한국인은 자신이 먹고 피울 것에, 친척, 동료, 이웃, 환송 나와 준 사람에게 담배 한 갑이라도 나눠 줘야 한다는 선물의식 때문에 그것들을 산다.

"한국인을 보면 항상 값나가지 않는 똑같은 물건을 많이 사간다."
방콕 국제공항의 세관원이 나에게 한 말은 정곡을 찌르고 있다. 이와 같이 한국인에게 유독 두드러진 선물 생리는 한국인의 신앙에서도 그 원인을 찾아볼 수가 있다. 너무 잦은 각종 제사에 그 원인이 있다고 본다.

서양 사람들은 유일신을 믿지만 한국인은 비를 비는 천신부터 산신, 동신, 용신, 수신, 암신, 모든 산천초목에서부터 아이를 낳게 해주는 삼신, 5대에서 10대까지 거슬러 올라가는 그 많은 조상신 등 속칭 3,200여에 달하는 다신을 믿기에 제사가 많다.

어떤 한 공동체에서 부락제나 기우제나 기풍의 선농제가 베풀어질 때, 이곳에 참여하기 위해 떠나는 사람은 자의에 의한 여행이 아니라 공동체의 대표로서 타의에 의한 여행을 떠난다. 곧 부락의 제액除厄과 안태安泰를 빌고, 비를 빌고, 풍년을 비는 행위는 제사를 집행하는 신주 개인의 일이 아니라 공동체 전체의 일이기 때문에, 제사에 참여하기 위해 떠나는 사람은 신의를 입으러 가는 것이며, 그 신의는 제사에 참여하지 않는 다른 공동체의 구성원에게 나눠 줄 그런 분배성의 신의인 것이다.

여느 집안이나 제사를 지내면 음복飮福이라 하여 제주와 제사 음식을 나눠 먹는 습속이 반드시 수반되는데, 각종 공동 제사 때도 소나 돼지 등 신에게 바친 희생물을 제사 후에 반드시 한 점씩이라도 나눠 먹는 습속이 있다. 음복과 희생 음식을 나눠 먹는 건, 제사가 끝났으니 나눠 먹자는 뜻이 아니라, 그 제사 음식에 신의가 깃들어 있으니 그 신의를 자기 속에 나눠 갖는 상징적 취득 행위인 것이다.

그러기에 제사가 끝나면 신의가 깃들인 제사 음식을 나눠 들고 마을로 돌아온다. 돌아와서는 비록 떡 한 조각, 사과 하나, 밤 한 톨이라도 두 조각, 네 조각으로 나누어 먹는다. 그것은 분량의 크고 작음과 또 비싸고 싸고, 질이 좋고 나쁨과 전혀 상관없는 상징적 종교 행위였던 것이다.

나에겐 아직도 동제 때면 축제 기분에 들떴던 기억이 선하다. 어린 나는 제사에서 돌아오는 할아버지를 숲거리까지 나가 진종일 기다렸다.

마을에 당제가 있는 날, 제사 끝내고 돌아오는 할아버지를 기다리는 건 옛날 어린이들에게 강요된 습속이었다. 두루마기 자락을 바람에 휘날리며 강변 둑길을 따라 아름아름 다가오는 할아버지를 보고 마냥 신이 나서 달려가면 할아버지는 제사상에 올랐던 밤이나 대추, 곶감 등 건과를 주머니 속에서 꺼내어 주면서 이것을 먹으면 병도 안 걸리고 액도 사라진다고 말하셨다. 당제 음식은 나눠 먹어야 한다는 습속화된 주술 행위가 손자를 반기는 행위와 복합돼서 이루어진 것이다. 마을의 안태를 비는 당제이기에 그 안태의 신의가 깃든 제수에 공동체를 구성하는 구성원들이 나눠 먹을 의무와 권리가 주어지는 것이다.

선물이라는 말 자체가 제사상에 올린 음식이란 뜻이다. 곧 어떤 공동체의 공동의식을 결속시키는 신통력 있는 음식이며, 그것은 공동체에 나눠 줘야 한다는 필연성 때문에 요즈음 뜻인 선물로 전화轉化하였다.

다시 말해 선물이란 바로 신의의 분배 행위요, 그 분배 행위로 어느 한 집단의 공동체 의식을 신명으로 보장받는 행위였다. 바로 어느 공동 사회를 또는 어느 집단을 강하게 결속시키고 공동 운명체임을 자각시키는 접착제 노릇을 선물이 대행했던 것이다.

고조高祖 이하의 제사 음식을 오등친五等親 간에 선물하고, 시제時祭의 음식을 한 가문에 선물하는 것도 이 가족 공동체의 개개인을 가문이란 공동 의식에 단단히 결속시키는 행위였다. 그러기에 가제家祭가 구심체가 된 가족 공동체, 부락제가 구심체가 된 촌락 공동체의 귀의 의식과 희생을 무릅쓴 강한 공동의식은 세계 다른 나라에서 볼 수 없는 특이한 현상이다.

다만 그것이 가문이나 부락에 국한되고 국가라는 차원까지 승화되지 못하였기에 약체 국가의 비애를 면할 수 없긴 했지만 말이다. 국가라는 집단을 위해서는 비굴했던 사람이 가문이라는 집단의 명예를 위해서는 자결할 수 있었던 한국인의 특이한 정신 체질이 이에서 비롯된 것이다.

미국인에게 공통적인 것이 있다면 자기가 속한 집단의 통일된 의지에 지배받지 않고 제각기 자기 자체 안에 흐르고 있는 개체의 논리를 따르고 있다는 점이다.

만약 한국에서 그런 일이 있었다면 백번 불가능한 일이 서구에서는 자연스럽게 일어나고 있다. 그 구조적 차이가 바로 한국인은 국가라는 규모에까지 확대되지 못했다는 흠은 있지만 자기가 소속된 소집단의 집단 의지에 개체의 의지를 소멸시킬 수 있다는 의식은 지배적이다.

이러한 집단의식을 배양하는 양식이 바로 선물인 것이다. 누구도 강요하지 않았는데 선물을 해야겠다고 생각하고, 또 하지 않으면 소외감을 느끼는 것은 바로 의식구조의 소산이다. 그것은 우리의 소중한 유산이요, 단결의 구심수단求心手段이기도 하다. 그러므로 우리는 이 순수한 선물의식에서 불순한 선물의식을 걸러내는 것을 계몽의 대상이나 자각의 대상으로 삼아야 할 것이다.

Chapter 03
하물며 기생조차 명예를 소중히 여겼는데……

《동국여지승람東國與地勝覽》에 보면 다음과 같은 글이 실려 있다.

십자각 다리를 지나서 경복궁 성터 동쪽 가에서 흘러내린 물과 합하여 중학터 앞에 있는 다리를 거쳐 남으로 흘러 혜정교에 이르는데 관원으로서 재물을 탐한 자를 이 다리 위에서 삶는다.

서울의 옛 지지地誌인 《한경식략漢京識略》에도 '국법에, 탐욕이 있어 남의 것을 잘라 먹는 관원은 이 다리에서 팽형烹刑에 처했다'고 했다. 자형煮刑이라고도 했던 팽형은 글 뜻으로 보아 물에 삶아 죽이는 형이기에 생각만으로도 끔찍하지 않을 수 없다.

두 문헌에 실린 글만으로는 정말 삶아 죽였는지 또는 삶는 시늉만 했는지는 알 길이 없다. 아무튼 그 형장이 혜정교 다리 위였다는 점은, 그곳이 장안에서 유수하게 번화한 거리였다는 점에서 공개형적인 성격을 띠었다는 사실과 바로 그 다리 이웃에 우포도청 감옥이 있었다는 점이 작용한 것만은 틀림없는 것 같다.

악리惡吏를 솥에 삶는 공개형이었으니 스릴도 있고 또 백성의 원한을 풀어주는 통쾌감도 수반되었음직하다.

이 팽형이 한말까지 잔존했던 모양이다. 한말에 서울에 와 형정刑政에 관여했고 후에 경성형무소 소장을 역임했던 나카하시란 이의《조선의 행정》속에 다음과 같은 글이 나온다.

제재형의 일종으로 팽형이라는 게 있었다. 일명 자형이라고도 한다. 그 형명으로 보면 사형보다 혹심한 최대 최중의 극형처럼 보이지만 실은 생명형도 신체형도 아니고 오히려 희극을 보는 듯한 느낌마저 드는 행형이다.

이 팽형은 관리들의 독직 행위에만 국한되어 가하는 제재형으로 그 집행 방법은 다음과 같다.

임시로 종로의 사람 많은 다리 위에 커다란 아궁이를 구축하고 그곳에 큰 가마솥을 건다. 그리고 아궁이에 불을 지필 수 있게끔 나무를 놓은 다음 아궁이 앞에 병풍을 치고, 군막을 둘러 재판석을 만든다. 이 재판석은 입회하는 포도대장이 앉는 자리다.

이같이 준비가 갖추어지면 포도대장이 엄숙히 나와 앉고 죄인이 대령한다. 죄인은 가마솥의 나무 뚜껑 위에 묶인 채 앉혀진다.

이 죄인에게 포도대장은 엄숙하게 죄명을 선고하고 처형을 하명한다. 대개 이 형의 집행은 포도대장의 판결 선고가 끝나면 그것으로 형이 끝난 것으로 간주되나, 때로는 가마솥에 미지근한 물을 담아 그 속에다 죄인을 처박기도 한다. 또는 그 빈 솥에 죄인을 몰아넣고 솥뚜껑을 닫은 다음 아궁이에 불을 때는 시늉만 하고 그치는 경우도 있다.

이 팽형 집행의 차이가 독직 관원의 죄의 정도에 따라 달라지는 것인지 편의상 그렇게 하는지는 알 길이 없다. 다만 이 형 집행으로 미루어 볼 때 형을 집행한다기보다 공중이 널리 보는 가운데서 베풀어지는 면박의 한 요식 같은 인상을 받았다. 하지만 이 팽형을 받은 사람의 생명은 유지될 수 있을망정 마치 사형당한 사람처럼 여생을 살지 않으면 안 되었다.

일단 이 팽형이 끝나면 물에 젖은 죄인을 가마솥에서 끌어내어 죄인의 가족에게 인도하는데, 그때 죄인은 산사람처럼 행동해서는 안 된다. 마치 뜨거운 물에 증살된 시체처럼 행동해야 한다. 살아있는 시체를 인도받은 가족들도 호곡을 하며 마치 죽은 가장을 대하듯이 슬퍼해야 하고 또 상례에 준하여 인도받아야 한다. 죄인을 집으로 운반할 때도 대성통곡을 하며 뒤따라가야 마땅했다.

그리고 일단 집에 옮겨 오면 살아 있는 시체의 신분이나 지체의 알맞은 응분의 상례를, 마치 죽은 사람과 똑같은 절차대로 치러야 한다. 상례가 끝나면 이 독직 죄인은 공민권을 박탈당하고, 공식적으로는 친지나 친척과도 만나서는 안 되었다. 오로지 집 안에 갇혀 가족하고만 살아야 했던 것이다.

외국 사람이 보면 합리적인 의미에서의 행형이 아니라고 할지도 모른다. 왜냐하면 체형體刑이 아니기 때문이다. 그러나 얼굴과 이름과 가문의 명예가 죽음보다 중요한 한국인에게 있어서는 체형보다 한결 가혹한 중형임에는 틀림없다. 이를테면 한국 사회 질서의 뼈대를 이루어왔던 향약의 벌칙을 보면 체형보다도 명예형을 한결 중형으로 다루고 있다.

실례로 율곡 이이 선생이 정한 향약의 위반에 대한 벌칙을 보면, 선비, 장자長者, 천민賤民별로 같은 위약에 대한 벌칙을 달리하고 있다.

상벌上罰의 경우 선비는 '동네 뜰에 오래 세워둠으로써 수치심을 일으키고, 회식 때는 가장 말석에 따로 앉히는 것으로 벌을 삼는다' 했고, 장자는 만좌 면책滿座面責이라 하여 '여러 사람이 앉아 있는 가운데 면책을 한다' 했고, 천인은 '태笞 40대를 때린다'고 했다.

이처럼 볼기를 때리는 것보다 만좌 면책을 하고, 동네 마당에 세워두어 수치심을 일으키게 하는 것이 한결 더 중벌임을 알 수가 있다.

이 만좌 면책이 중벌임은 비단 향약에서뿐 아니라 보부상 단체나 무당들 조합인 풍류방, 그리고 기방인 권번券番에서조차 체벌보다 상벌로 쳤다는 점에서도 알 수가 있다.

보부상 단체에 입단할 때는 '단체 규약을 위반 시 만좌 앞에서 아버님의 이름을 쓴 종이를 태운 재를 물에 타 마시겠습니다'고 서약을 했다. 그리고 노량진 풍류방에서는 남의 단골을 빼앗은 무당으로 재범일 때는 그 거주지에서 추방하는 파문형을 가하고, 초범일 때는 만좌 앞에서 웃음거리가 되는 공개 형으로 벌칙을 정했다.

또한 기방에서 동료의 단골손님을 가로챘을 때는 '통나무 말 타기'란 가혹한 체형이 가해졌다. 그 체형은 통나무를 비스듬히 기대어 비탈지게 한 뒤 기생을 속옷 벗긴 홑치마 바람으로 말 태우듯 태운 다음 하반 나신下半裸身의 기생을 강제로 끌어 내리는 것이다. 체중의 압박으로 사타구니를 짓눌리는 고통은 무른 살을 온통 멍들게 하였다.

만약 가로챈 손님이 선배 기생의 단골이었다면 동료 기생의 단골보다 중형重刑이 가해진다. 그 중형이란 다름 아닌 '통나무 말 타기' 같은 체형이 아니라 기방의 현관에서 '단골 도적'이라 쓴 푯말을 목에 걸고 하루 종일 앉아 있는 것이다.

천민인 보부 상인이나 무당이나 기생까지도 그 명예를 이토록 소중히 여겼는데, 여느 사람이야 얼마만 했는가는 짐작하고도 남음이 있다.

따라서 독직한 관원이 팽형을 받고 살아 있는 시체로 여생을 산다는 것은 사실상 사형이란 체형에 버금가거나 오히려 그보다 중형일 수가 있는 것이다. 이 팽형의 연유에 대해 확실한 고증은 없으나 몽고

군의 군율 가운데 솥에 넣어 뜨거운 증기로 쪄서 죽이는 형벌이 있었던 점으로 미루어 원나라의 영향을 받았던 고려 시대에 도입된 행형이 아니었던가 싶다. 그러나 문헌에 나타나 있지 않는 점으로 보아 이 팽형은 형제刑制로 채택되지 않고 민속화하여 속전했던 것을 독직 관원에게 가하는 형으로 채택한 것으로 추측된다. 다시 말해 공형公刑이 아니라 각 관아에서 사형私刑으로 전승되어 내려졌던 것을 독직의 중범일 경우 이 혜정교에서 공개 형을 처했던 것이 아니었을까.

결론적으로 우리 옛 선조들도 독직에 대한 백성의 증오와 원성을 십분 감안하였고, 또 독직을 제재하는 데 굉장한 고심을 하였다는 것 등 서정쇄신을 위한 노력이 이 같은 팽형이란 법규를 있게 했을 것이라는 점을 미루어 생각할 수가 있다.

Chapter 03
할아버지의 자학적 교육 방법

 어릴 때 호박에다 말뚝 박는 일이 왜 그다지도 재미있었는지 모르겠다. 헛간에 버려진 낫 토막을 들고 숲속에 가 세모꼴의 말뚝을 스무 개 남짓 만들어 호주머니에 넣은 다음 인적이 드문 길가에 담 넘어 늘어뜨려진 호박이나 박에다 말뚝을 박았다. 그러다가 인기척이 나면 시치미를 떼고 하늘을 쳐다보며 휘파람을 불 때의 그 스릴 넘치는 순간은 지금 생각해도 참으로 아찔했다. 이 같이 짓궂은 장난을 정신과 학자들은 성증性症의 한 발로라고 말하고 있으나 그까짓 건 알 바도 아니다.

 그런데 어느 날 이 성증의 스릴을 거듭하다가 할아버지에게 들키고 말았다. 잊을 수 없는 내 일생의 충격적인 사건은 이때부터 시작된다. 할아버지는 볼기를 치거나 나무라지도 않고 나를 감자를 저장해 두는 토방에 가둔 다음 자물쇠로 잠가버렸다.

저녁밥 짓는 연기가 문틈으로 스며드는 것으로 미루어 밖이 꽤 어두웠으리라 생각하고 있는데, 할아버지가 토방 문을 열었다. 여전히 아무 말 없이 할아버지는 나에게 나가자는 말 한마디만 할 뿐이었다. 어디로 가느냐고 물어보지도 못한 채 나는 앞서 걸어갔다. 몸뚱이 없이 머리만 있다는 무목 귀신이 사는 공동변소를 지나 징검다리를 건너 산 쪽으로 갔다. 약간의 밭과 뽕밭이 계속되다가 상여집을 지나갔다.

할아버지는 아무 말이 없으셨고, 이상한 짐승 소리는 끊임없이 메아리쳐 들려왔다. 상여집에서 무슨 불빛이 어른거린 것만 같은 착각에 나는 그대로 발이 굳어 주저앉고 말았다. 그러자 할아버지는 발길로 내 엉덩이를 들어 일으켰다. "할아버지……" 하고 두 손을 비비며 용서를 빌었으나 막무가내로 소나무 무성한 산길로 몰아세웠다. 늑대가 붉은 흙을 묻히고 숨어 있다고 해서 대낮에도 가기를 꺼리는 사래밭 굽은 목에서 다시 한 번 발이 굳었지만 할아버지의 재촉에 발걸음을 계속할 수밖에 없었다. 늑대가 뒤따라올 것만 같아 몇 번이고 되돌아보면서……. 얼마나 갔을까, 할아버지는 어느 무덤 앞에 이르러 나를 세웠다. 곰곰이 생각해보니 증조할아버지의 무덤이었던 것 같다.

꼼짝 말라고 일러놓고서 할아버지는 수풀 속으로 사라졌다. 할아버지 없는 깊은 산 속의 공포는 무목 귀신이나 상여집이나 늑대보다 더 무서웠다. 할아버지가 나를 버려두고 내려갔을지도 모른다는 생각이 들었을 때, 나를 뒤따라온 무목 귀신이며 늑대가 나를 가운데 세워 놓고 마냥 돌고 있는 것 같은 착각에 사로잡혔다.

금방이라도 눈물이 쏟아지려고 할 때 할아버지가 수풀을 헤치고 나타났다. 눈을 익혀 보니 할아버지의 손에는 굵직한 회초리가 네댓 개 들려 있었다. 할아버지는 그 회초리를 내 곁에 놓더니 무덤 앞에 엎드리며 말했다.

"아버님, 불초자식의 손자가 남의 재물에 손을 댔사와 그 벌을 아버님 앞에서 받을까 하오니 하량下諒하옵소서."

허리를 편 할아버지는 무덤 상석床石 앞에서 자신의 두 바짓가랑이를 걷었다. 그리고 나서 와들와들 떨고 있는 나에게 처음으로 분부했다. 회초리를 들어 할아버지의 종아리를 때리라고.

"안 할게요……. 할아버지."

"조상 앞에서 안 할게, 하는 법은 없어. 힘껏 치지 않으면 집에 돌아갈 수 없다."

겁에 질린 나는 회초리를 들고 할아버지 종아리에 갖다 댔다. 힘없는 나의 손놀림에 할아버지는 회초리를 홱 빼앗더니 나의 종아리를 사정없이 후려치면서 이렇게 치는 것이라고 일러주었다. 약간 세게

치면 더 세게 치라고 나의 종아리에 시범을 보이곤 해서 차츰 그 강도가 세졌다. 마침내 회초리가 부러졌다. 두 번째, 세 번째 회초리도 부러졌다. 종아리를 치다가 얼굴에 튀는 물기를 느끼고 나는 주저앉고 말았다. 핏발이 터져 튀었던 것이다.

할아버지가 다시 무덤에 엎드려 뭐라고 울면서 고하는 소리를 알아들을 수 없을 만큼 난 제정신이 아니었던 것 같다.

그리고 나서 할아버지는 나를 앞세우고 산을 내려왔다. 그동안 할아버지는 아무 말도 하지 않았고 그 후 돌아가실 때까지 그 일에 대해서는 한 번도 입에 담지 않았다. 물론 나도 이 충격적인 사건이 있은 뒤 못된 짓이라고 두 번 다시 할 수 없었다.

할아버지가 피가 나도록 자신의 종아리를 치게 한 것은 가혹한 자학행위다. 손자의 징벌을 대신 받음으로써 교육적 효과를 높이려는 이 자학 행위는 한국인의 선망된 가치관임에 틀림없다.

그러면 한국인의 무엇이 이 같은 자학적 교육 방법을 관습으로 굳혀 놓았을까. 종아리를 맞아야 하는 것은 호박에 말뚝을 박은 손자다. 한데 종아리를 때려야 할 할아버지가 오히려 종아리를 맞았다는 것을 이해하려면 할아버지와 손자의 일체의식에 대한 이해가 선행돼야 한다. 손자가 맞는 것이 곧 할아버지가 맞는 것이라는 어떤 일체감의 의식구조 없이는 이 같은 자학적 징벌은 불가능하다.

Chapter 03
몸이 고달파야 효도의 미덕

 한국인의 효행 습속은 살아서보다 죽음을 맞이했을 때 더 심했다. 친상親喪에는 무덤 옆에 이슬과 비를 가리는 초려를 짓고 3년 동안 수묘守墓하는 습속이 있었다.

 이 동안에는 벼슬이나 관직도 버려야 하고 먹고 싶은 음식, 입고 싶은 옷을 입어서도 안 되었다. 또한 논밭을 가꿔서도 안 되고 집에 불이 나도 달려갈 수 없었다. 가산보다 부모의 무덤이 한결 더 소중했던 것이다. 이와 같은 여막廬幕의 수묘 말고 3년 동안 매일같이 성묘하는 습속도 있었다.

 비단 3년 수묘나 3년 성묘가 아니더라도 4년 거상居喪 동안에는 갖가지 고행이 수반되었다. 3년 동안 흰죽만 먹거나 소금이나 간장은 먹지 않으며, 고기·술·담배를 기피하는 등 음식 절기節忌로 효심을 발휘했다. 또한 거상 중 아이를 배거나 낳으면 가문에 씻을 수 없는 오욕이 되므로 부인에게 자살을 강요하는 비정의 사건도 자주 일어났다.

베옷을 입거나 허술한 차림으로 3년 동안 띠를 풀지 않고 때 묻은 채 살았으며, 거상죄인이라 하여 하늘을 보아서도 안 된다는 《효경孝經》의 가르침대로 전 세계에서 가장 크고 넓고 테를 지닌 상갓喪笠을 쓰고 다녀야 했다.

유명한 효자 주세붕 참판은 어머니가 오래 전 병중에 있을 때부터 빗질을 하지 않았고, 거상 중 머리에 빗을 한 번도 대지 않았다. 병중인 어머니의 머리에 이가 들끓자 자기 머리를 어머니 머리에 대고 이가 모두 옮아오게 하여 그 가려움을 병상과 거상 기간을 통틀어 참아 내었다.

효자 이응지의 《명륜록》에 보면, 거상 중 빗질을 하지 않아, 이를 비롯하여 잡충들이 머리에 집을 짓곤 했다. 하루는 그의 종형이 머리를 빗겨주려 하였더니 "간밤 꿈에 선친先親이 나타나 손톱을 세우고 내 머리를 긁어주었기 때문에 이가 다 죽어 조금도 가렵지 않다"고 말했다.

이처럼 폐쇄된 고행적 효행에 수반된 것이 산업 기피다. 상중에는 먹고살기 위한 어떤 생업에도 종사하지 말아야 하며 아울러 빈곤하게 사는 것을 미덕으로 삼았다. 그러니 3년 거상이 지나고 나면 부잣집 아니고는 패가敗家하기 일쑤였다. 대부분 상전喪前에 상중 먹을 것을 미리 마련해두는 게 통습이었다.

이 밖에 가문에 따라 특색 있는 상중 습속을 전승시키기도 했다. 이를테면 강화의 전주 이 씨 가문에는 거상 6년 동안 가문의 남자들은 모두 딱딱한 목침을 베고 자는 고행 습속이 있었고, 충주 인근의 평산 신申씨들은 물고기를 먹지 않았다. 명장 신립이 탄금대에서 투신 순절했으므로 물고기 밥이 됐을 것이라는 가상 아래, 이 상중 습속이 가통으로 전해 내려온 것이다.

이첨의 후예인 이천뢰는 어머니가 불에 타 죽었을 때 상중에는 온돌에 불을 때지 못하게 했을 뿐 아니라 화로나 화구·담뱃대·부싯돌을 가까이하지 않았다. 이 화구 배제는 이후 가문의 상풍喪風으로 전해 내려오고 있다.

상중에 장님 행세를 하는 가풍도 있다. 전주 이 씨 이충작 감사는 부모의 복상服喪 중에 너무 울어 실명을 했지만 지팡이로 더듬거리며 먼 거리의 묘소를 찾는 일을 하루도 거르지 않았다고 한다. 임금이 그 효행을 높이 사서 불러다가 승지로 앉히자 조정에서는 장님 승지란 있을 수 없는 일이라고 거세게 반발하였다. 이에 임금은 다음과 같은 교지를 내려 반론에 찬물을 끼얹었다.

신들은 그의 보이지 않는 눈을 미워하지만 나는 그의 보이지 않는 눈을 사랑한다. 보고서 못된 일을 하는 눈보다 아예 못 보는 눈이 얼마나 나은가. 더욱이 정치는 눈으로 하는 것이 아니라 마음으로 하는 것임에랴.

그 후 이 장님 승지는 현달로 소문나 충청도 관찰사로 나가기까지 했는데, 역사상 장님 감사는 이충작이 유일했다. 이 영예를 기리기 위해 그의 후손들은 상중 하루 한 번 묘소를 찾는데, 어느 기간 동안 장님행세를 하는 습속이 전해내린 것이다.

체질화된 효행 습속은 한국인을 가난하게 하고 비정한 고행을 강요하고, 가문의 영예나 병역·부역·주세의 면제 등 경제적 이익을 노려 억지 효자를 탄생시키는 폐단도 있었다. 그러나 한국의 사회 구조와 가치체계의 기본적 질서로서 한국을 뒷받침하고 개성을 부각시킨 저력은 재평가되어야 하지 않을까 한다.

Chapter 03
자신을 낮추어야 마음이 편하다니

　한국인의 인격 형성에는 자신을 우둔하고 어리석게 낮추어 약체화하는 성향이 중요한 요인을 차지해왔다. 이처럼 자신을 어리석은 사람으로 낮추는 것을 선비의 조건을 삼았던 것이다.
　선조 때 명신 우의정 정탁鄭琢은 학자 조식曺植의 문하에서 배웠다. 정탁이 스승을 하직할 때 조식이 말했다.
　"내 집에 소 한 마리가 있으니 자네가 끌고 가게."
　그가 말뜻을 몰라 어리둥절해하고 있으니 조식은 다음과 같이 말했다.
　"자네는 언어와 의기가 너무 민첩하고 날카로워 날랜 말과 같네. 날랜 말은 넘어지기 쉬운지라 더디고 둔하고 어리석은 것을 참작해야 비로소 능히 멀리 갈 수 있을 것이니 내가 자네에게 소를 준다는 것이네."

　스승이 준다는 소는 우둔을 상징하는 마음의 소인 것이다. 글에는 좋은 뜻과 나쁜 뜻이 있다. 우둔 같은 글자는 마이너스 가치의 뜻글자다. 그런데 옛 우리 선인들이 자신의 호나 자를 지으면서 굳이 이 같은 마이너스 뜻글을 일부러 골라 쓴 것은 자신을 약체화하려는 의식구조의 발로라 할 수 있다.

　이를테면 졸재 · 백졸당 · 졸작옹 같은 '졸拙', 사눌 · 눌인 · 눌재 같은 '눌訥', 회재 · 여회 같은 '회晦', 소치 · 치헌 같은 '치癡', 대치 · 치인 같은 '치痴', 수우당 · 대우 · 우복 등 '우愚', 치계 · 치회 같은 '치稚', 아헌 · 아맹 같은 '아啞', 농업 · 농아자 같은 '농聾', 우졸자 · 우헌 같은 '우迂', 불민 · 불기 같은 '불不', 무학 · 무능발 같은 '무無', 둔재 · 둔암 같은 '둔鈍' 등 어리석고 우둔하다는 마이너스 뜻글자를 호나 자로 사용한 경우가 많았다.

　한국인은 호칭에서도 자기를 비하하는 습관을 엿볼 수 있다. 자기를 말할 때 소생小生 우생迂生 불민不敏 불초不肖라 하고, 남의 아내를 말할 때는 영부인 영규令閨 어부인御夫人이라고 존대하지만, 자신의 아내를 말할 때는 우처愚妻 산처山妻 형처荊妻 과처寡妻라고 비하한다. 남의 자식은 영식令息 · 영애令愛 · 용손龍孫 · 봉손鳳孫이라 존대하면서 자기 자식은 우식 · 우녀 · 돈아豚兒 · 견자犬子라고 비하한다.

또한 남의 형제는 영형令兄·덕형德兄·옥곤玉昆·귀자貴姉·영매令妹로 존대하지만 자기 형제는 우형·우제·우매라고 비하하고, 또 남의 의견은 탁견卓見이요 고견高見이면서 자기의 의견은 우안愚案이요 비견卑見이다.

실학자 이익李瀷은 한국인이 '소인'이라는 호칭을 잘 쓰는 것은 '대인'이 아니라는 자기 비하로써 대인에 복속하려 하기 때문이라 했다. 곧 대인으로 대변되는 관료·상관·식자·부자 같은 장자長者의 품을 벗어나기 보다는 그 품안에 파고들려는 약자의 안간힘이다. 그 속에 들지 못하면 눈 밖에 나는 소외자가 되어 생존의 위협마저 받게 되기 때문이다. 이퇴계는 자신이 경험을 통해 다음과 같은 실례를 피력하였다.

> 오씨吳氏 성을 가진 이가 있었는데, 그 자는 항상 자신을 말할 때 소인이라 하지 않고 '나'라고 하여 눈 밖에 나더니 결국 동네에서 쫓겨나 외딴집에서 살다가, 죽은 지 며칠이 되도록 아무도 몰랐다. 이 사람은 대담하게 의식체제에 저항하여 아웃사이더의 고독을 감당하다가 죽어간 것이다.

이익이나 이황李滉이 예증했듯이 한국인의 약체 생리는 생존의 조건이었으며, 생존에 적응하기 위해 약체의식이 조장되었고, 약체의 존재 이유를 찾기 위해 약자 편을 들고 약자에 공감하게 되었던 것 같다.

이 약자 공감의 의식구조는 한국의 소설 형성에도 막대한 영향을 끼쳤다. 한국 고대 소설의 구성을 보면 주인공은 거의 약자이며, 이 약자의 약체성, 곧 불행을 가급적 심화시킴으로써 독자로 하여금 그 불행에 공감케 한다. 그리고 독자들은 공감을 통해 자신의 약체성을 무화시키려는 데 예외가 없다.

〈흥부전〉은 흥부가 얼마나 가난하고, 있는 자에게 학대받고 살아가는가 하는 약체 강조의 대목이 주축을 이루고 있고, 〈심청전〉·〈춘향전〉·〈장화홍련전〉 등의 모든 주인공도 각기 다른 강자에 의해 학대받는 약자다.

요즘 텔레비전의 드라마들도 거의 예외가 없다. 있는 자와 없는 자의 갈등, 서민들의 애환 등 약자 설정에 예외가 없으며, 이 같은 설정은 한국인의 약자 공감의식에 영합하고 응석을 떠는 것들이다. 왜냐하면 그렇게 해야 드라마의 인기가 유지된다는 것을 체험했기 때문이며, 이 체험은 곧 한국인의 의식구조에서 얻어낸 체험인 것이다.

한국인의 불행이 외국의 그것과 다른 심리적 차이는 한국인은 불행이나 불운에 대해 어떻게든 체념하거나 위안하거나, 남도 그러하니까 하는 식으로 공감을 통해 소극적으로 그것을 억누른다. 소극적인 체념이나 위안·공감뿐만 아니라 그 같은 약체 상태가 바람직하고 또 아름답다고 합리화하는 약체주의적인 신경이 돼 있다고 할 수도 있다. 이것은 자기를 학대함으로써 쾌감을 느끼는 마조히즘의 한 유형이고, 행복도 강자의 것이라 하여 약체인 불행을 편드는 의식구조의 역학이다.

불행을 해소하려는 한국인은 불행을 그대로 감내하거나, 어떤 이유를 찾아내어 체념하거나, 위안이 되는 일로 가라앉히거나, 남의 경우를 상정하여 자신의 경우를 약화시키거나, 그 원인을 자신에게 돌려 자책·자벌로써 처리한다.

곧 그 모두가 약체 해결이요 약체 공감에 의한 해결이다. 이 같은 약자의식은 한국인에게 유별난 한을 형성하는 구성 요인이다.

Chapter 03
명예를 안겨주는 한국인의 자살

고종 8년(1871) 신미양요 때 일이다. 제너럴셔먼호 소각 사건을 응징하고자 출병한 미국의 해병 함대는 강화도의 광성포대를 공격, 점령했다. 경흥 등 국경 지방에서 호랑이를 잡은 명포수들로 구성된 강병이 사수하고 있었으나 신무기의 위력 앞에서는 어찌할 도리가 없었다.

미국 해병대가 포대 안으로 돌진해오자 끝까지 저항하던 한국 병사들은 너나없이 흐르는 강물 속으로 투신했다. 이 광경을 보고 '마치 크림슨 빛깔 위에 흐르는 하얀 꽃잎들 같았다'고 참전했던 한 미군 장교가 기록하였다.

자살하지 않은 한국 병사는 부상을 당해 몸을 움직일 수 없는 자뿐이었으며, 부상을 입은 병사들도 미군이 든 총구를 가리키며 쏘아서 죽여 달라고 애걸복걸했다는 것이다. 그들로서는 도저히 납득할 수 없는 일이었다고 한다. 그것은 곧 자살에 대한 신교도와 한국인의 차이라 할 수 있다.

이처럼 '명名'을 '명命'에 선행시키는 문화와 그렇지 않은 문화에서는 죽음에 대한 사고 방식이 이처럼 다를 수밖에 없다.

이를테면 한국인은 억울한 누명을 쓰면 자살을 한다. 왜냐하면 자결로써 누명이 벗겨지기 때문이다. 누명은 '이름을 더럽히는 것'이기에 그 이름을 구제하기 위해 자살을 단행하는 것이다. 그러하기에 옛날 우리 전통 사회에서는 가문의 이름을 더럽히는 어떤 확인되지 않은 풍문이 나돌면 그 허실을 따져보기 전에 풍문의 당사자에게 죽음을 강요하였다.

정조 11년 이언이란 사람이 10대에 과부가 된 조카며느리 구씨가 바람을 피운다는 풍문을 들었다. 그 풍문의 진위 여부를 확인해볼 생각도 하지 않은 것은 이미 풍문 자체가 가문의 이름을 더럽힌 것이기 때문이다.

가문의 친척들이 합세해서 이 가엾은 소녀 과부를 새끼줄로 결박했다. 그 현장에는 구씨의 친정 오빠인 구성대라는 사람도 있었는데, 그는 억울함과 구원을 애걸하는 누이동생을 돕기는커녕 시집 식구보다 더 앞장서서, 집안을 망신시켰다 하여 걸레로 입을 틀어막고 주먹

질과 발길질을 가했다.

  그들은 구타를 당한 구씨를 꽁꽁 묶어 깊은 강가로 끌고 갔다. 그러고 나서 그녀의 치마에 커다란 돌멩이를 안겨 벼랑에서 강물로 떠밀어 버렸다. 가엾은 소녀 과부는 이렇게 야밤에 살해되었으며, 자결로써 그 결백을 증명한 것으로 소문을 퍼뜨렸다. 이 같은 구명살인具名殺人이 허다하게 자행되었던 것은, '명名'과 '명命'의 비중이 어떠했는가를 입증해주는 것이다.

  그러나 유럽에서는 억울한 누명을 쓴 사람이 자살을 하면 그것은 자신의 죄를 입증하는 것이 된다. 알쏭달쏭한 일을 사실로 확인시켜주는 확인 수단이 된다는 점에서 한국과는 정반대다. 유럽인에게 자살은 명예나 이름을 구제하는 방편이 아니라, 오히려 오명이나 불명예를 확인하는 것이 되기에 억울하거나 불명예를 당했을 때는 절대로 자살하지 않는다.

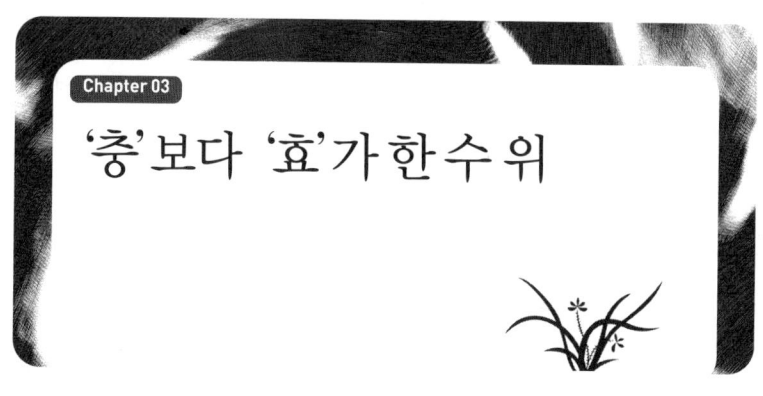

Chapter 03

'충'보다 '효'가 한 수 위

　한국인은 '충'과 '효' 중에 어떤 것을 더 우선시했을까? 임진왜란이 일어났을 때의 일이다. 친상을 당해 복服을 입고 관직에서 물어나 있던 목사牧使 성영은 소명을 받고 강원도 순찰사로 종군을 했다. 가족적 개념인 기복起服과 국가적 개념인 종군 중 어느 쪽에 더 가치를 두며 비중을 두는가 하는 관점에서 볼 때, 성영은 국가적 개념에 치중했다 할 수 있다. 그의 선택이 극히 당연하다고 생각할지 모르지만 성영의 선택은 후세 사람들에게 많은 논란의 여지를 안겨주었다.

　성영과 대조적인 인물로 목사 홍효사를 들 수 있다.

　성영이 순찰사로서 일선에 종군하고 있을 때 한 무리의 피난민이 군막 앞을 지나가고 있었다. 여느 시민이 순찰사의 군막 앞을 지나가려면 의당히 말에서 내려야 하거늘, 그 가운데 한 피난민이 그대로 말을 타고 지나가는 것이었다. 이 무례한 피난민을 잡아다가 따지자 순찰사와 같은 벼슬인 홍효사임을 알게 되었다.

성영은 홍 목사를 나무랐다. 나라와 임금이 대란大難을 당해 단 하나의 손발이라도 아쉬운 이때에 한 고을의 수령된 자가 백성을 버리고 피난을 간다는 것이 될 말이냐고…….

그러나 홍 목사도 할 말이 있고 명분도 뚜렷했다. 그는 친상을 입어 기복을 하려면 싸울 수가 없으니 적에게 항복해야 하는 결과가 되므로 차라리 피난을 하여 기복하는 것이 도리어 낫다고 판단, 피난길에 나섰다고 말했다.

같은 친상 당한 성영과 홍효사의 경우는 후대 선비들 사이에 곧잘 논쟁의 쟁점이 되었다. 국가적 개념의 '충'에 비중을 둔 성 목사와 가족적 개념의 '효'에 비중을 둔 홍 목사를 가치와 이념면에서 곧잘 저울질하였으며, 이럴 때마다 대개 홍 목사의 행동이 옳았다고 평가되었다. 그만큼 한국인의 전통은 가족 중심주의적이다.

이 같은 가족 중심적 의식구조의 실례는 병자호란 때 청나라로 납치돼 갔던 부녀자들이 송환되었을 때도 빚어졌다. 상민이 아닌 양반 가문에서는 그들의 어머니요, 아내며, 딸이며, 며느리인 이 송환 피랍민을 받아들이는 것을 눈물을 머금고 거부했던 것이다. 불가항력의 납치였지만, 일단 이들이 되놈에게 잡혀갔다는 오욕은 곧 그 가문의 명예에 먹칠하는 것이 되기 때문이다.

그리하여 더러는 조상 무덤 앞에서 자결을 했고, 더러는 가문과 인연을 끊고 외지에 가서 여생을 살았으며, 아니면 가문의 비녀로 하천되어 가문과의 연관을 형식적으로 단절하고 살아야만 했던 것이다. 한국인의 가족 중심적 가치관은 이토록 비정할 만큼 확고한 전통 위에 형성된 것이었다.

이 가치관은 집을 경계로 한 안과 밖의 구분을 엄연하게 하였다. 곧 집 밖의 여느 세상은 철저한 남이며, 대신 집 안에 있어서의 개인은 그 안에서 소멸된다.

처는 안사람이요, 아내며 댁宅이다. 아버지는 개인이 소멸된 '우리 아버지'요 집은 '우리 집'이다. 나의 아버지, 나의 집이라고 부르는 서양의 개념과는 판이하다. 서양에서는 가족 개념보다 개인 개념이 강한 데 비해 한국에서는 개인이 가족 개념 속에 소멸돼 버리는 것이다.

집의 구조에서도 가족 중심적 의식구조는 완연히 드러난다. 서양의 집은 개인의 방이 완벽하게 차단되고 안에서 잠겨 있는데 한국의 집은 대문에만 빗장이 무겁게 걸려 있다. 곧 서양은 집안에 들어오면 개인이 존중되지만 한국의 집은 집에 들어오면 개인이 소멸되는 그러한 경향을 띤다.

Chapter 03
육체 훼손을 거부하는 한국인

 '도모지(도무지) 알 수 없다'는 말을 곧잘 쓰는데, '도모지'란 말의 어원은 바로 한국인의 정적인 자살 방법에서 비롯된 것이다. 황현黃玹의 《매천야록梅泉野錄》에 보면 이 '도모지'의 어원이 적혀 있다.
 자살이나 타살을 할 때 가장 처참하지 않게 죽고 죽이는 방법이 바로 도모지에 의한 것이라 하는데, 그 방법은 다음과 같다.
 질긴 조선종이 몇 장에 물을 약간 뿌려둔다. 우선 한 장을 얼굴에 붙인다. 종이가 말라들면 호흡이 약간 곤란해진다. 다시 물 뿌린 종이를 그 위에 덮어 붙인다. 숨쉬기가 더욱 곤란해진다. 그렇게 세 겹 네 겹의 질긴 조선종이를 얼굴에 붙여 숨이 끊어지게 하는 방법이다. 사람에 따라 대여섯 겹을 붙여야 죽기도 하지만 보통 두서너 겹이면

숨이 끊어진다고 한다. 이 자살 종이를 얼굴에 바르는 종이라 하여 도모지塗貌紙라고 불렸으니, 이 도모지에 의한 자살이나 타살도 지극히 한국적인 발상이요 수법이 아닐 수 없다.

서양 사람들이 칼로 자결하는 것은 그들이 목축 민족이요 육식 민족이기에 동물체의 훼손이 상습화됐기 때문이라고 풀이하는 학자도 있다. 그렇다면 농경민족인 한국인에게 이런 정적인 죽음의 방법이 관습화된 것도 그 나름의 해석이 가능할 것이다.

하지만 여기에는 문화적인 배경 이외에 신체를 훼손시키면 안 된다는 애니미즘적인 생명관이 예부터 지배해온 데다가, 주자학의 조건이 되고 있는 '신체발부身體髮膚는 수지부모受之父母하니……' 하는 문화성에 의해 신체 훼손을 거부하는 생명관이 굳건하게 터를 잡은 것도 요인으로 보인다.

원시적인 사고방식 가운데 하나로 육체는 혼백의 집이라는 것이 있다. 육체가 어떤 훼손으로 바뀌면 혼이 들어가는 것을 거부한다고 생각하는 것이다.

또한 육체의 모든 부분에는 그 사람의 정령精靈이 들어있다는, 그래서 분신으로 여겼다. 그렇기 때문에 그 분신이 몸에서 유리되어 나가 어떤 악마에게 사로잡히면 본신本身까지 유혹하여 해를 입는다고 생각했다. 그러하기에 육체를 훼손하는 것을 터부시하는 습속이 있었다. 우리 옛 선조들이 머리카락 하나, 손톱, 발톱, 심지어는 이빨에까지 터부가 심했던 것도 그 때문이다.

문화 인류학자 제임스 프레이저 경의 《황금 가지》를 보면 한국의 왕이 종기를 앓아도 그 종기를 철물로 수술하는 것을 터부시하는 사례를 적고 있는데, 이 역시 신체 훼손에 대한 거부 문화의 한 사례다.

이 같은 원시적 애니미즘에, 신체발부는 부모로부터 물려받은 것이니 이를 훼손하지 않는 것이 효의 근본이라는 가르침이 복합되어 신체 훼손은 한국인에게 철저한 터부가 되어버린 것이다.

한국 도학道學의 비조鼻祖 김굉필金宏弼 선생은 숨을 거둘 때 양쪽 수염을 깨끗이 가다듬어 입에 담아 물고 운명했다 한다. 이것은 수염을 소중히 여기는 한국적인 신체관이요, 생명관의 발로라 할 것이다. 이러한 원시적 터부와 문화적 교화가 체질화 되면서부터 자살할 때도 신체를 훼손하지 않으려는 정적인 수법이 체질화되었던 것이다.

서양 사람에게 있어 죽는다는 것은 곧 생명의 끝을 의미한다. 그러나 한국인의 생명은 죽음으로 끝나는 것이 아니요, 죽음은 넋의 유리에 불과할 뿐이며, 따라서 육체는 여느 물체와는 다르다. 때문에 한국인의 생명관은 정신적이고 정서적이기에 안락사나 생명에 치명적인 경우 환자에게 통고하지 않는 문제 등에 대처하는 것이 서양 사람과는 다른 양상을 보이는 것이다.

CHAPTER 04

한국인의 독특한 개성

Chapter 04
개성 있는 한국인의 재발견

　미국인의 인간관계는 공개된 표면적인 관계지만 한국인의 인간관계는 표리의 두 측면이 있다. 미국 회사의 과장은 직책 직능상의 관리 능력이 뛰어나기만 하면 되지만 한국 회사의 과장은 주종이나 부자·사제 같은 전인간적인 인생의 선배라는 이면적 관계가 복합되지 않으면 안 된다. 그 이면적 관계 때문에 미국 사람에게는 거의 불가능한, 최고의 양질이요 최고로 다량인 노동을 단위 시간에 해낼 수 있다.

　또 한국인의 경제 구분은 서구처럼 라인line이 아니라 존zone으로 되어 있다. 이를테면 한국 집의 처마 밑은 집과 집을 구분하는 경계인 동시에 통로이기도 하고 옥외이며 옥내이기도 하다. 그러나 유럽의 집들에서 이 같은 존재는 찾아볼 수 없다. 그들은 완전히 차단하거나 미국 집 담처럼 상징적인 푯말로 안팎을 구분한다. 그러기에 아예 못 들어가거나 자유자재로 넘나들거나 할 수 있다.

한국인의 이 '경계가 없는 경계', 곧 절충·융합되고 완충된 회색 공간의 경계의식은 한국적 인간관계, 한국적 사고방식의 기본이다. 이것을 서구의 경계와 동일시하여 계급투쟁 이론을 적용한다거나, 획일된 경계의식 위에 인간관계를 형성하고 있는 미국식 관리법을 모방한다 해서 운영이 잘 되는 법은 없을 것이다.

미국이 성공할 수 있었던 최대의 기반은 그들의 인간관계나 의식구조가 우수하기 때문이라기보다 우연히 점거한 토지가 그들에게 저항할 선주문화先住文化도 없이, 놀랄 만큼 많은 천연 자원을 지닌 혜택 받은 광대한 토지였다는 것이다.

오히려 인간관계의 실천면에서는 한국이 한결 선진국이라 할 수가 있다. '한국인 재발견'의 필요성이 중요한 이유가 이에 있다고 본다.

앞으로 사회과학·정신과학·인문과학을 비롯해 학교 교육에서, 회사 경영에서, 시장 판매에서, 군대 지휘에서, 정치 행정에서, 법정에서, 경찰 수사에서, 정보활동에서, 시정 쇄신 면에서, 가족계획 면에서, 선교 면에서, 그리고 그 밖의 모든 면에서 이 한국인은 묵은 지혜와 결함이 담긴 '의식구조'를 발굴하여 발전적으로 응용할 때 이전에 몰랐던 새로운 농축 에너지와 효과가 그곳에서 샘솟을 것이요, 그럼으로써 한국은 개성 있는 나라로 발전해 나아갈 것이다.

Chapter 04
뺨 맞고 웃는 한국인

　언젠가 들어주기 거북한 부탁 때문에 몹시 당혹스러웠던 적이 있다. 여행 도중 독일에 들러 그곳 남자와 결혼을 해서 살고 있는 한국인 부인에게 고국에 사는 그녀의 동생이 죽었다는 부음을 전해야 했던 것이다. 부모를 일찍 여의고 자매 단둘이서 한국전쟁 후의 험난한 세상을 살아낸 언니에게, 동생의 죽음을 전하기란 여간 괴로운 일이 아닐 수 없었다. 그러나 테이블에 마주앉아 비보를 전하자, 예상과는 달리 부인의 눈동자에 습기가 살짝 어리면서 입 가장자리에 약간의 경련이 일더니 애써 웃음을 짓는 것이었다. 얼굴은 웃고 있었지만 테이블 밑 무릎 위에서는 부인의 두 손에 쥐어진 손수건이 찢겨나갈 만큼 억세게 쥐어 틀리고 있는 것을 볼 수 있었다.

왜 그녀는 비보를 접하고도 웃었을까. 왜 테이블 밑 은폐된 부분에서는 괴로워하면서도 은폐시킬 수 없는 얼굴 부분에서는 웃고 있는 것일까. 이 야누스적인 공존이 서양인에게도 가능할까? 만약 서양인이 슬플 때 울 수 없다면, 그런 특유한 웃음은 우리 한국인의 의식구조에서 비롯된 웃음일 것이다.

내가 고용하고 있는 한국인 가정부가 사흘 동안 휴가를 허락해달라기에 그 이유를 물었다. 한데 가정부는 마치 부끄럽다는 듯 입가에 웃음을 띠며 남편이 죽었다고 말했다. 나는 놀라 나자빠질 지경인데 이 여인은 웃고 있었다. 장례를 치르고 돌아왔을 때도 덕분에 장례를 잘 치렀다며 또 웃는 것이었다. 나는 뭐가 뭔지 도저히 알 수 없었다.

한말 법어학교 교장이었던 프랑스 사람 에밀 마텔의 회고록 가운데 한 대목이다. 슬픔의 극한에서 웃을 수 있는 한국인을 서양 사람은 이해할 수가 없었던 것이다. 왜냐하면 서양 사람의 사고방식으로는 웃어서는 안 될 때 한국인은 웃기 때문이다.

겉으로 웃고 속으로 우는 이 한국인의 의식구조는 사적인 자기층에 속하는 격한 감정의 노출을 은폐함으로써 남으로부터 자기를 보호하는 일종의 자기 방위 메커니즘이라 할 수 있다. 한국인은 감정이 가는 대로 따라가 자신을 혼란시키고, 더 나아가 자신이 소속한 공동의 '장'을 혼란시키는 것을 극도로 두려워한다.

슬픈 자신의 모습을 노출시킴으로써 상대방에게 고통을 줄 수도 있고 폐를 끼칠 수도 있으니, 가엾은 동생이나 남편의 죽음 앞에서 애써 웃는 뜻은 이 같은 사적 자기층에 속하는 일 때문에 주위의 동류성同類性에서 이질화하지 않으려는 집요한 자기보호 때문이다.

이런 한국인의 웃음은 비단 슬픔이라는 감정의 은폐 수단으로만 이용되는 것이 아니라 과오나 실수, 모욕이나 열등감 등 마이너스 가치를 무화시키는 수단으로도 이용되고 있다.

한말에 선교사 게일이 낚싯배를 타고 가다가 사공의 실수로 바다에 빠졌다. 다시 배에 올라탄 그는 화가 치밀어 사공의 뺨을 호되게 쳤다. 그런데 뺨을 맞은 사공이 씨익 웃는 것이었다.

이 웃음의 진정한 저의를 알 수 없었던 게일은 자신의 과오를 인정하지 않는 반항의 시위로 받아들여 한 대 더 때렸다. 그래도 사공은 웃고 있었다. 때리는 서양인으로서는 자기를 무시하는 웃음으로밖에 받아들일 수 없었겠지만 맞는 한국인은 슬프게도 자신의 과오나 실수를 무화시키려는, 어떤 의미에서 용서를 바라는 웃음이었다.

버스 안에서 남의 발을 잘못 밟더라도 씨익 웃어 보이면 사과로 받아들여진다. 서양인이면 말로 사과해야 할 것을 한국인은 웃음으로 대신한다. 만약 서양인의 발을 밟아놓고 씨익 웃었다가는 뺨 맞은 사공 꼴이 될 것이다.

Chapter 04
'예술'이 아니라 '풍류'

 '예술'이라는 말은 개화기 때 일본인들이 서양의 'arts' 개념을 도입하면서 만든 말로, 그 이전의 우리 선조들은 이같이 조작적이고 술수를 쓴다는 식의 인공적 냄새가 물씬 풍기는 예술이라는 말을 사용하지 않았다.
 《논어》에 '구다예求多藝'라 한 것을 주자가 '예다재능藝多才能'이라 주석했듯이, 예藝는 사람의 재능이다. 중국의 중화서국中華書局에서 낸 《사해辭海》에 보면 예술을 다음과 같이 풀이하였다.

 예술이란 기계나 공장工匠, 방실류房室類처럼 기교를 부리는 활동, 즉 기술과 같은 뜻이다.

따라서 《고금도서집성古今圖書集成》 등 중국의 유서에서 예술로 분류된 부분을 현재 우리가 알고 있는 예술로 생각하고 찾았다가는 엉뚱한 내용이 나오고 만다. 앞서 《사해》에 지적된 기교를 부리는 활동 이외에 신술이나 요술, 환술幻術을 부리는 것도 예술로 돼 있다.

한국인의 자연관으로서는 이 재능이나 기교나 술수를 부리는 예술이란 말을 자연과 동화하는 인간 행위에 부합시키는 것이 생리적으로 불가능한 일이었다.

한국의 그림치고 자연을 배경으로 하지 않는 것이 없고, 사람을 그려도 자연에 동화돼 있는 사람을 그린다. 또한 한국의 전통적 시문학은 자연을 떠나서는 형성될 수 없다는 데서 그 가치를 더하고 있다. 이 같은 자연과 인간의 동화 작용에 예술이라는 부정 탄 말을 쓸 수는 없었다.

그래서 사용된 말이 '풍류風流'였다. 혹은 풍운風韻·풍소風騷·풍아風雅란 말을 쓰기도 했는데, 풍류란 곧 자연의 흐름새다. 자연의 흐름새가 바로 한국인의 예술인 것이다.

김시습金時習은 율시律詩 혹은 오언고풍五言古風을 지어 종이에 쓴 다음 물에 띄워 보내고, 시야에서 벗어날 때까지 기다렸다가 다시 한 구절을 써서 띄워 보내길 해가 저물도록 했다고 한다. 또 나무를 깎고 그 깎은 나무에 시를 써, 한참 읊고 나서 문득 곡하고는 다시 깎아버린다든가, 나무를 조각하여 농부 모양을 만들어서 책상 앞에 두고 종일토록 들여다보다가는 곡하고 아궁이에 넣어 불태워버렸다.

또한 그는 젊었을 때와 늙었을 때의 두 자화상을 그리고 그림에 다음과 같은 글을 썼다.

네 모양이 지극히 초라하고
네 마음이 지극히 어리석어
너를 지극히 깊은 산골짝에
두어두는 것이다.

초라하고 어리석어서가 아니라 한국인은 본질적으로 깊은 자연 속에 자신을 두고 그 속에다 정신이나 정서나 생명까지도 무화시켜버렸던 것이다.

Chapter 04
붉은 동백꽃이 주는 슬픔

한국 대중가요에 나타난 어휘 가운데 가장 빈도 높은 보통 명사는 '눈물'이고, 가장 자주 쓰는 동사는 '운다', 형용사는 '그립다·슬프다·외롭다', 부사는 '차라리·어차피' 등 불행과 연관된 어휘가 높은 순위를 차지하고 있다.

한국인에게는 행복이라는 개념이 명확하지 않고 행복이라는 어휘와 인연이 먼 대신 불행이나 역경을 나타내는 어휘는 매우 풍부하다. 그렇기 때문에 대중가요에도 이별이나 슬픔 등 행복한 상황보다는 불행한 상태를 노래한 것이 더 많다.

워즈워스가 읊은 '수선화'는 행복의 이미지 매체다. 수선화는 그의 심안心眼에 빛을 주어 고독한 행복을 비춰준다. 환희가 끓어오르고 그

환희에 맞추어 수많은 수선화가 춤을 춘다고 읊었다.

그러나 한국의 동백꽃은 비극이나 불행의 이미지 매체다. 그리움에 지쳐서, 울다 지쳐서 그토록 동백꽃 잎이 붉어졌다는 것이다. 붉다는 아름다움까지도 불행에 의해 형성된 것으로 파악한다. 그래서 한국의 문화, 우리의 문화를 '한恨의 문화'라고 하는지도 모르겠다.

비단 정서 세계에서뿐 아니라 현실 세계, 심리 세계에서도 우리는 이 같은 불행에 익숙해져 있다. 그러하기에 한국인의 고민은 어떻게 해야 행복해지는가보다는 어떻게 불행을 참아내느냐, 인내하느냐에 달려 있으며, 한국인의 행복관은 바로 이 불행 인종론忍從論에 의해 특징지어진다고 할 수 있다.

한국인은 불행을 당했을 때 그것을 지그시 참아내는 게 가장 현명한 방법이라고 생각한다. 억압당하고 멸시를 당해도 그저 참아내는 것으로 불행을 해소한다. 당시를 지배하던 도덕 체제, 가족 체제는 무조건 참는 인종忍從을 최고의 미덕으로 받들었으며, 이 '인종의 가치관'이 곧 불행과 영합된 것이다.

대중 교화의 선구자인 김안국金安國이 중종 13년(1518)에 경상도 관찰사로 있을 때 백성 교화를 위해 펴낸 《정속언해正俗諺解》에 보면 다음과 같은 내용이 있다.

비록 그 발단은 하찮은 것이라도 참지 못하면 그 화는 지대하니, 이를테면 불똥 하나가 요원燎原의 불길이 되고 실낱같은 시냇물이 흘러 하늘에 닿는 것과 같다. 사람이 처음부터 참아 세월이 흐르면 마음이 맑고 환해지는 법이다. 공자 가로되 소불인小不忍하면 곧 난대모亂大謨한다 이르셨다.

  곧 분노도 참고 능욕도 참고 괴로움도 참고, 가난도 불행도 참으라고 가르쳤던 것이다. 하지만 그렇게 참아서 낙을 얻는 심경에 이르려면 어떻게 해야 되는가에 대해서는 아무런 가르침이 없다. 무작정 참는 것이 좋다는 일종의 결과론인 것이다. 불행을 인내하고 예찬하고 변호함으로써 소극적 행복을 추구하는 가르침은 이 밖에도 많다.
  맹자는《맹자孟子》〈진심상盡心上〉에서 다음과 같이 말했다. 사람의 덕행재지德行才智는 항상 재액이나 불행 속에서 닦이고 발달된다고 했으며, 또 고립된 가신家臣이나 첩 자식처럼 혜택 받지 못한 불행한 처지에 있는 사람은 항상 그것을 참고, 참기에 마음을 주도하여 우환이 일어날 것을 깊이 생각하기 때문에 현달한다고도 했다.《사기史記》의 〈숙손통열전叔孫通列傳〉에 적힌 사람 위에 서려면 고苦 중의 고苦를 참고 겪지 않으면 안 된다는 화재貨財의 가르침, 고경苦境과 싸우고 조식粗食을 감내하는 것이 복을 몰고 오는 지름길이라는 가르침 등은 우리 선조들이 불행을 익숙하게 받아들일 조짐이었다.

Chapter 04
애매모호하게 대답하는 안개 전치사

    아득하게 넓은 반사막의 오아시스에 형성된 페르시아의 고도古都 이스파한에서 현지 주민에게 길을 물은 적이 있었다. 내가 묻는 말을 알아듣기가 바쁘게 이 이란 사람은 재빨리 내 등 뒤로 돌아가 두 어깨에 손을 얹고 방향을 틀어주었다. 그러고는 이 방향으로 가면 된다고 말하고 어깨를 으쓱하며 웃어 보이는 것이었다. 그때는 언어 소통이 불명확한 외국인에 대한 행동인 줄 알았는데, 실크 로드를 여행하면서 보니 사막에 사는 사람들이 길을 가르쳐주는 방법이 그토록 육체적이고 분명했던 것이다.

    애매한 말보다 육체적으로 방향을 틀어주는 구체적 방법이 편리하긴 하지만, 황당한 것은 그들이 가르쳐준 길이 대부분 맞지 않는다는 것이다. 내가 길을 물었을 때 잘 모르겠다고 말하는 사람은 한 명도 없었다. 모르면 다른 사람에게 물어서라도 가르쳐주었지만 그 정확도를 논하자면 어차피 형편없었다.

정확도가 낮다는 것은 묻는 길을 자신도 잘 모르지만 가르쳐주지 않을 수 없다는 어떤 성향이 작용하여 부정확하게라도 가르쳐주지 않을 수 없었기 때문이 아닌가 싶다. 비단 사막 민족뿐 아니라 독일인에게 길을 물었을 때도 이같이 육체적인 방법으로 가르쳐주긴 하는데, '독일 사람에게 길을 묻는 바보'라는 속담도 있듯이 그 정확도는 별 볼일 없다. 이 역시 모른다는 것을 용납하지 않는 성격 때문이 아닌가 싶다.

한국인 같으면 잘 모르거나 애매하거나 대충 알긴 해도 자신이 없으면 예외 없이 "저도 잘 모릅니다"라고 대꾸하게 마련이다. 알고 있더라도 가급적 단정적인 표현을 피하고, "이 길로 가면 될 줄 압니다만……" 하고 말한다.

길뿐만 아니다. 모든 사물이나 사리를 두고 한국인은 알아도 가급적 애매하게, 모르는 것처럼 안개를 피운다. 그래서 '안개' 전치사가 굉장히 발달했다. '잘은 모르지만', '틀릴지도 모르지만', '아닌 게 아니라', '자신은 없습니다만', '꼭 그렇다는 것은 아니지만', '옳다고는 생각지 않습니다만' 등등.

자신의 의견이나 주장이나 희망이나 모든 것을 숲속의 안개처럼 흐리게 한다. 이같이 모르고 있다든가 애매하게 알고 있는 편이 또렷하게 알고 있는 것보다 심리적으로 안정감을 준다. 그래서 단정함으로써 형성되는 불안과 불화를 부드럽게 무마시키는 것이다.

하지만 사막에 사는 사람들이나 사막 문화권의 영향을 받고 사는 사람들은 모른다는 상황이나 애매한 상황을 체질상 용납할 수 없는 어떤 잠재의식이 있다. 이에, 사물이나 사리나 인간관계 등 모든 것을 애매하게 해두는 완충적 회색 가치를 형성하는 문화권의 사고를 청산 인간적 사고菁山人間的思考라 하고, 반대로 선명하게 단정적 흑백 가치를 형성하는 문화권의 사고를 비청산 인간적 사고非菁山人間的思考라 한다. 전자를 삼림적 사고森林的思考, 후자를 사막적 사고沙漠的思考라 부르기도 한다.

한국인의 사고는 곧 청산적 사고요, 유럽인의 사고는 비청산적 사고라 할 것이다. 물론 독일을 비롯한 서구 제국의 풍토가 비청산적이거나 사막은 아니다. 그렇지만 그들의 의식 구조나 행동 방식을 다스려 온 것이 바로 그리스도교요, 그리스도교는 유대교를 모태로 하고 있으며, 유대교는 순수한 사막적 사고와 행동을 모태로 하고 있기에 유럽인의 의식 구조는 비청산적이고 사막적인 성향이 농후하다.

청산은 나무가 우거지고, 우거진 나무 밑에 관목이, 관목 아래에는 이끼가 돋아 그 속으로 들어가면 백주에도 으스름달처럼 그윽하고 미묘한 기운이 감돈다. 시야가 막히고 습기가 감돌며 안개가 그 형상의 가장자리를 애매하게 흐려놓는 것이다. 그 속에서 구체적인 것, 구상적인 것, 선명한 것이란 아무것도 없다.

그런 것들을 환幻과 유幽가 감싸버린다. 모나고 확연하고 선명하고 정확하며, 논리적이고 합리적인 것을 거부하는 이 청산 공간, 곧 한국적 자연이 한국인의 사고를 애매하게 한다. 이에 비해 사막은 가린 것 없이 넓고 커서 끝이 없고 대기가 건조하여 안개나 이슬이 없다. 있는 것은 선명하게 그대로 존재할 뿐이다.

시간과 공간은 그들이 지닌 만큼에서 더 짧아지거나 좁아지거나 하는 법 없이 냉혹하게 그대로 있다. 여기에서 사는 사람들은 그 냉혹한 시간이나 공간을 논리적이고 합리적으로 구분해서 살게 돼 있고, 또 그렇지 않고서는 살 수가 없다. 이 비청산적 공간, 곧 사막적 자연이 유럽인의 사고를 선명하고 논리적이며 합리적이게 했다.

이에 비해 한국인의 자연관은 청산적 사고를 바탕으로 하고 있다는 데서 그 특색을 찾아야 한다.

Chapter 04
한국인의 잡식문화

한국인의 잡식성은 외래문화를 선별하지 않고 무작정 흡수하는 태도에서도 나타난다. 아침은 밥을 국에 말아 먹고, 점심은 자장면으로 때우고, 저녁은 칼질을 하거나 낮에는 메밀국수를 먹고 저녁에는 생선 초밥을 먹는다. 그도 아니면 낮에는 스파게티로 때우고 저녁은 카레라이스로 하는 등 식사 구조의 국제성은 외래문화를 무선별적으로 흡수하는 교육 구조와 무관하지 않다고 본다.

한국 교육의 획일성이나 일률성도 식사 구조와 닮았다. 미국의 초·중·고교 교육은 6·3·3제가 가장 많으나 지역의 실정에 따라 6·6제, 8·4제, 5·3·4제, 4·4·4제 등 다양하다. 그런데 한국은 전국적으로 6·3·3제다.

프랑스의 학교에서는 낙제나 월반이 정상적인 진급자보다 많은 것이 상식이다. 곧 그 학년에 정상적으로 진급을 하는 학생 수는 50퍼센트 정도요, 30퍼센트는 1년 유급생, 10퍼센트는 2년 유급생 그리고 나머지 10퍼센트는 1년 월반 생이 차지하고 있다. 우리나라처럼 일률적이고 획일적인 진급이 아니다. 물론 우리나라에도 유급이 없지는 않으나 그것은 지극히 예외적인 일이다.

영국의 교육 과정은 학교마다 학교장의 재량과 책임 하에 편성돼 있기에 영국 학교는 제각기 학교에 따라 특색 있고 개성 있는 교육을 시킨다. 그런데 우리나라에서는 학교에서 가르치는 교과목, 수업 시간 등이 교육법과 시행령으로 정해져 있어 전국적으로 똑같다.

이 획일성은 마치 한 밥상을 획일적으로 차려 안겨놓고 먹게끔 하는 선택 부재의 한국 식사 구조와 비슷하다. 곧 먹는 사람의 개성이나 기호나 입맛이 고려되지 않은 채 차려져 나오는 획일적인 밥상이 이 같은 교육 형태를 유발한 것이다.

Chapter 04

한국인과 미국인의 스트레스 해소법

언젠가 미국의 술집에 들어갔을 때였다. 이따금씩 들리는 풍선 터지는 소리에 깜짝깜짝 놀란 적이 있다. 젊은 친구들이 짓궂은 장난을 치나 보다 했더니 아니었다. 4, 50대로 보이는 장년이 심각하게 혼자 앉아서 술잔을 앞에 놓고는 풍선을 쥐어짜 터뜨리고 있었다. 축제 무드를 돋우기 위해 중국 사람들이 폭죽을 터뜨리듯이 풍선을 터뜨리는 것도 분명히 아니다.

샌프란시스코 교외의 작은 술집에서는 카운터에서 풍선을 팔고 있었다. 그 풍선의 표면에는 험상궂은 마귀 할머니 얼굴이며 대머리 얼굴 등 다양한 얼굴들이 그려져 있었는데, 풍선을 터뜨리고 싶은 사람은 적당한 것을 사서는 술을 마시며 짓이겨 터뜨렸다.

아내 때문에 스트레스를 받은 사나이라면 마귀할멈의 풍선을 선택할 것이요, 직장 상사 때문에 쌓인 화를 풀지 못한 사람은 대머리 풍선을 선택할 것이다. 제각기 자신 속에 치미는 화나 긴장이나 스트레스를 사람 얼굴이 그려진 풍선을 터뜨림으로써 풀어버린다. 곧 풍선에 어느 한 인간을 동일화시켜 간접적이나마 스트레스를 해소하는 것이다.

또 다른 술집에 가보니 천장 아래에 권투 연습용 펀치 볼이 매달려 있었다. 권투 선수들이 많이 드나드는 술집이냐고 물었다가 웃음을 산 일도 있었다. 그 펀치 볼도 스트레스 간접 해소용인 것이다. 그래서 미워하는 상대의 얼굴과 동일시되는 펀치 볼이기에 이 사람 저 사람에게 증오 받는 처지를 빗대어 '술집의 펀치 볼'이란 속담까지 생겼다 한다.

18세기 산업혁명이 진행 중인 영국에서는 이색적인 사업이 성업을 했다. 글라스 볼 등 유리 제품을 몽둥이로 두들겨 깰 만한 공간과 유리를 확보한 가게인데, 대체로 유리 공장에 부설되거나 유리 공장 가까운 곳에서 문을 열었다. 당시에는 유리를 입으로 불어 만들던 시기라 실패작이 많이 나왔다. 이 실패작을 스트레스 해소용으로 돌려 돈을 벌고, 깨진 유리 조각을 다시 녹여 쓰는 일거양득의 상술이었던 것이다.

인간관계가 복잡하게 얽혀 다난해진 사회에서는 화가 난다고 해서 마음속에 품은 생각을 모두 말할 수는 없다. 그러므로 그대로 표현할 수 없는 인간관계 때문에 갈등이 생길 수밖에 없다. 그 같은 갈등이 발생하는 것은 동서양이 다를 것이 없다. 다만 그 관계나 갈등에서 형성된 스트레스를 푸는 방법이 서로 다를 뿐이다.

물론 우리나라에서도 부부 싸움을 할 때 파열음이 크고 파괴력이 강한 사기 그릇 같은 살림을 깨는 일이 종종 있고, 술집에서 술상을 뒤집어엎거나 유리컵을 던져 깨는 행위를 이따금씩 볼 수 있다. 그러나 이 같은 행위는 어디까지나 어떤 특수한 개인 사정으로 우발적이고 관습성일 뿐 미국처럼 풍선을 팔고 펀치 볼을 매어두는 그런 보편적인 사항은 아닌 것이다.

그렇다면 한국인에게 보편성을 지닌 갈등의 자체 해소 방법은 무엇일까.

어떤 문화권에 살건 갈등 때문에 형성된 정신적 긴장을 끌어가며 살아야 하기에 우리나라 나름의 해소 방법이 있다. 그것은 바로 갈등 요인을 만든 상대가 없을 때 그 사람을 헐뜯어 말하는 험담이다. 험담을 실컷 하고 나면 화도 다소 풀리고 긴장도 느긋해진다.

남이 없는 자리에서 헐뜯어 말한다는 것은 인간적으로나 도덕적으로 올바르지 않으나, 남을 헐뜯어서 말할 수 있는 인간관계는 한국인과 외국인을 비교하고 이해하는 데 중요한 관건이 된다.

사실 많은 대화 가운데 가장 즐겁고 진지한 것이 남의 이야기다. 여자들이 모였을 때 정치나 경제 이야기가 즐거운지, 서로가 아는 남의 이야기가 즐거운지 자문해 보면 명백해진다. 세상 이야기를 할 때의 얼굴 표정과, 남의 이야기를 할 때의 얼굴 표정이나 생기는 전혀 달라지게 마련이다.

부녀자뿐만이 아니다. 남자들도 예외가 아니다. 술을 무척 즐겼던 조선 왕조 중엽의 정승 상진尙震이란 분은, 여러 가지 술안주가 많지만 남의 험담처럼 맛있고 좋은 안주가 없다고 시로 읊었다.

오죽하면 직장 동료끼리 술을 마시러 가면서 "오늘 안주는 ○○○ 부장으로 하자"고 말하겠는가. 부장을 씹는 것으로 안주를 삼겠다는 이 말을 외국인이 액면 그대로 받아들인다면 아마 한국인을 식인종 취급 할지도 모를 일이다. 이처럼 한국인은 험담을 함으로써 험담 대상과의 사이에 형성된 긴장을 풀기에 굳이 풍선을 터뜨리지 않아도 된다.

따지고 보면 아주 다정하고 친한 사이란 남의 험담을 같이 공감할 수 있는 사이라 정의를 내려도 큰 문제가 없을 것이다. 험담을 해도 그것이 밖으로 흘러나가지 않고, 또 그 험담에 고개를 끄덕여 동조하며 분위기를 상승시켜 주는 그런 사이일수록 더욱 다정해진다.

곧 누군가가 험담을 신나게 하면 곁에서 "맞아 맞아, 그런데 그 일 말고 이런 일도 있었다"면서 보다 농후한 험담으로 동조해주는 사이가 다정한 것이지, 신나게 험담을 하고 있는데 "남 없는 데서 이야기하는 것은 실례되는 행동이야" 하고 제동을 걸면, 그런 사람과는 거리가 생기고 친한 관계도 깨어지게 된다.

다만 남의 험담은 그 현장에서 끝나는 일시성一時性이어야 한다는데, 한국적인 험담의 존재 가치가 있는 것이다. 만약 이 험담이 밖으로 누설되거나 본인의 귀에 들어가도록 한다면 친한 사이에서 당장 소외되고 만다. 곧 험담하는 자체가 나쁜 것이 아니라 그것을 누설시키는 것이 나쁜 것이다.

그러나 험담에 대한 미국인의 사고방식은 한국인과는 정반대다. 미국인은 어렸을 때부터 남 없는 데서 그 사람 이야기를 한다는 것은 나쁘다고 철저하게 교육시킨다. 윗사람이건 선생이건 친구건 간에 정정당당하게 정면에서 해결을 봐야지 이면에서 시시비비하는 것을 악 가운데 최고의 악으로 친다.

누군가가 그자는 인색하다고 남의 이야기를 하면, 비록 공감하는 일이 있더라도, 본인 없는 자리에서 헐뜯는 건 도덕적이 아니라고 말한다. 뿐만 아니라 남의 험담을 하는 것은 악이기에 이를 추방하는 뜻에서 당사자에게 "그 사람이 너에 대해 이렇게 험담을 했으니 주의하라"고 충고까지 한다. 한국에서는 이 같은 행위가 밀고密告로 악덕으로 여기지만 미국에서는 통고通告 개념으로 미덕으로 여긴다.

서구의 근대화를 구축해온 프로테스탄티즘, 특히 영국인과 미국인의 사고방식을 사로잡아온 퓨리터니즘의 억센 윤리관은 험담을 용납하지 않는다. 도덕적 가치 차원을 벗어나서 생각하면 인간관계의 갈

등에서 형성된 스트레스를 험담으로 푼다는 것은 편리한 방편일 수도 있다. 그리고 실제로 크고 작은 욕구 불만이 이 험담에 의해 해소되기도 한다.

한국 사람에게 정신 질환이나 노이로제 발생률이 서구 사람들에 비해 낮은 이유 가운데 하나로 험담할 수 있는 문화적 특성을 들 수 있을지도 모른다. 곧 인간의 결함이나 약점 측면에서 연결되어 서로가 용서하는, 그런 인간관계가 한국적 인간관계의 특성일 수도 있는 것이다.

또한 좌중에서 험담이 분위기가 상승되다가도 어느 한계에 이르면 인간 신뢰로 U턴 하는 것이 한국적인 험담의 인간적인 측면이다. 너무 심했다고 서로 공감을 하면 "그 사람에게도 이런 좋은 점이 있다"느니, "그런 환경이나 여건에서 누군들 그렇게 되지 않겠느냐"느니 하며 인간적으로 이해해주려는 또 다른 분위기가 대두된다. 이 같은 인간성에로의 회귀로 험담이 끝을 맺는 경우도 없지 않다.

마귀할멈이나 대머리 영감의 얼굴을 그린 풍선을 터뜨리고 몸부림치며 술을 마시고 욕하는 미국사람들의 행위가 도덕적으로는 바람직할지는 몰라도 인간적으로 볼 때는 딱한 면도 없지 않다.

Chapter 04
동서양의 다른 비축 심리

　'해묵은 쌀밥 먹는 사람하고는 말도 하지 말라'는 속담이 있다. 이 말은 한 해 두 해 넘겨가면서 곡식을 축적해두는 행위를 하는 그런 구두쇠하고는 상종을 하지 말라는 가르침이다. 물론 된장, 간장, 고추장 등은 맛을 내고자 묵히는 것이기에 몇 해를 넘겨도 적취積聚하는 것이 아니다. 우리 옛 선조들에게 있어서 절용節用은 미덕이었지만 적취는 인색과 표리 관계에 있는 악덕이었다.

　지금도 불황이나 비상시에 임박했을 때는 사재기하는 매점행위가 행해지지만, 평상시에는 언제 닥칠지 모르는 불황이나 비상시를 대비하여 생활필수품을 비축해두는 집은 극소수다. 또 그만큼 비축의 전통이 박약하기에 불황이나 비상시에 매점 공황이 일어나는 것이기도 하다.

우리나라의 전통적 가옥 구조에는 지하실이 없다. 서양식 구조의 개량 주택이 들어서면서 지하실이 생겼을 뿐, 전통적 생활을 영위하는 동안에는 지하실이 필요하지 않았다. 요즘도 그렇다. 대체로 반드시 지하실이 아니어도 되는, 창고 이상의 기능을 발휘하는 법이 없다.

미국의 여러 집에 초대되어 집 구경을 하고 난 다음에야 비로소 지하실의 본기능이 무엇인가를 깨달았고 일종의 문화 공백 같은 것을 느낄 수가 있었다. 물론 미국 가정의 지하실도 잡다한 물건을 보관하는 차고 역할을 하지만, 예외 없이 그 일부는 식품 저장고의 구실을 하고 있었다.

예부터 중북구中北歐에서는 쇠고기나 야채 등 식품을 저장하는 식품 저장고가 바로 지하실이었으며, 그 전통이 살아있어 지금도 포장된 각종 깡통 식품과 음료들이 산적돼 있다.

식품이 지하실에만 비축돼 있는 것이 아니다. 미국 가정의 부엌에는 예외 없이 거대한 식품 저장을 위한 폭 1미터 내지 2미터 남짓한 장이 놓여 있다. 이 장에는 같은 종류의 식품 깡통이나 건조 음식이 수십 개씩 쌓여 있어 마치 슈퍼마켓의 진열장을 보는 것 같다.

뿐만 아니라 지하 저장고와 부엌 저장고 말고도, 높이와 깊이가 각 1미터, 폭 2미터 남짓한 거대한 아이스박스가 비치된 집이 많다. 뚜껑을 열어보면 비닐 속에 든 쇠고기 덩이를 비롯해 냉동을 필요로 하는 각종 식품이 가득 들어 있다.

　미국은 물자가 풍부한 나라다. 5분에서 10분 정도만 차를 몰고 가면 산재한 슈퍼마켓에서 언제든지 식품을 살 수도 있다. 그런데 왜 이처럼 많은 식품을 가정에다 비축해두어야만 하는가. 오히려 물자가 빈곤하고 입수가 힘든 우리나라에서 적취 문화가 발달했을 것 같은데 어째서 그 반대의 문화 현상이 빚어졌을까.

　흔히들 제2차 세계대전 때의 식량 결핍 때문이라고 하지만 그것은 이유가 못 된다. 만약 식량 결핍이 비축 문화를 형성시켰다면 수많은 전란과 흉년을 겪은 우리나라에서 보다 더 발달했을 것이다. 오히려 근원적으로는 미국인의 선조인 유럽인이 전통 문화의 일부로서 누려 온 비축의 습관이 작용한 것일 게다.

　고대 사학자요 지리학자였던 타키투스의 저서 《게르마니아》를 보면, 게르만인은 땅을 파고 식량을 많이 비축해 덮어둠으로써 남들의 눈에 띄지 않게 했다고 적혀 있다. 따라서 지하실에 식량을 저장하는 것은 이 같은 전통적 생활 문화의 연장에서 이해할 수 있는 것이다.

　그들이 식품을 저장하는 이유는 지극히 간단하다. 고위도 지방인 중북부 유럽에서의 1년은 풍요로운 여름과 결핍의 겨울로 양분된다. 곧 1년의 절반이 양식을 구할 수 없는 겨울인 셈이다. 북부 유럽에서 관광버스가 영업하는 기간은 4월에서 9월까지 겨우 6개월이요, 나머지 반년은 완전한 휴업 상태로 들어간다.

《이솝우화》에 나오는 〈개미와 베짱이〉 이야기가 우리나라의 환경에 들어맞지 않는다고 할 수는 없으나 유럽의 중북부 지방에서는 뼈저리게 실감하는 우의성寓意性이 있다. 곧 그 지루한 겨울을 위해 비축을 하지 않는다는 것은 죽음을 의미하기 때문이다.

그러므로 중북부의 비축하는 문화가 미국 사회, 특히 고위도에 속하는 중서부의 혹심한 기후대 속에 이민과 더불어 도입되었다는 것은 지극히 당연한 결과가 아닐 수 없다.

미국 개척시대의 역사 또한, 비축의 문화 없이는 불가능했을 것이라는 심증이 간다. 겨울에 대비하여 땅 속 깊이 감자를 묻어둔 것이 관리 잘못으로 썩어버려 수백 명이 아사했다는 이야기, 겨울날 사슴 한 마리를 잡아 고기를 땅속에 묻어 보존함으로써 아사를 면했다는 어느 가족의 이야기 등 서부의 생활사는 어떻게 겨울을 이겨내는가가 관건이었다.

우리나라도 겨울이 없는 것은 아니지만, 겨울의 길이와 질이 유럽 중북부와는 다르다. 나뭇잎이 떨어진 지 넉 달만 지나면 싹이 돋는다. 대비하지 않으면 죽음과 직결되는 심각한 겨울이 아니기에 비축의 농도가 묽을 수밖에 없다.

게다가 선조 대대로 한마을에서 살아왔기 때문에 마을 어느 집 뒤주 속에 들어 있는 양식의 분량까지 서로 알고 지낸다. '환난상휼患難相恤'이라는 향약의 가르침이 말해주듯이 서로 나눠 먹고, 또 언제든지 빌려 먹을 수 있는 촌락 사회의 모럴이 확고하여 엄동설한에 양식이 떨어졌다 해서 굶어죽을 걱정을 할 필요는 전혀 없었다.

해동하면 빌려 먹은 양식을 품으로 갚을 수 있고, 또 빌려 준 것을 어떤 형태로든 보상받을 수 있는 한곳에 오래 사는 정착 사회였기에 굳이 양식을 비축할 필요가 없었던 것이다. 개인의 헤어져 흩어짐이 자유로운 이동성 사회에서는 불가능한 문화가 비축의 필요를 약화시킨 것이기도 했다.

곧 독립적인 개인성이 지배하는 사회가 아니라 상호 협조적인 집단성이 지배하는 사회였기에 가급적 생활필수품은 나눠 쓰는 모럴이 발달하였으며, 이 오랜 전통이 나눠 쓰지 않고 적취하는 행위를 악덕시하기에까지 이른 것이 아닌가 싶다.

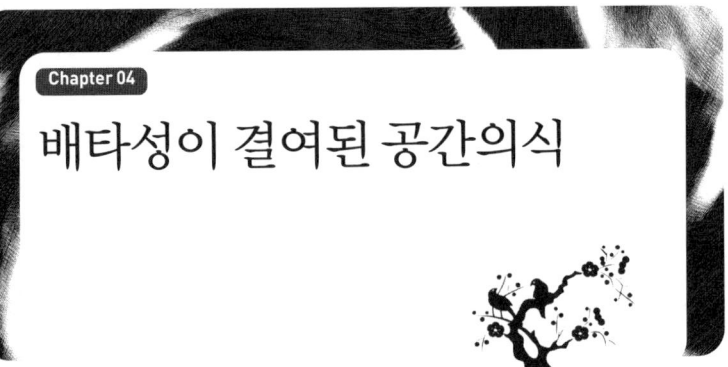

Chapter 04
배타성이 결여된 공간의식

생활공간이나 사무공간에서 개인적인 용도와 공적인 용도의 차이는 선 위주의 직무주의職務主義와 공간 위주의 직역주의職域主義의 차이를 대변해주고 있다.

아파트에 살고 있는 나로서는 이따금씩 한옥 같은 사랑채에서 혼자 있고 싶다는 생각을 한다. 아파트에 나 혼자 있을 만한 독립된 공간이 없어서가 아니다. 있지만 그 공간은 독립된 나의 공간이 될 수 없다는 것을 체험으로 절감했기 때문이다.

그 공간에 혼자 있을 때라도 밖에서 이야기 소리가 들려오거나 아이들이 즐겁게 놀고 있으면 좀이 쑤셔서 앉아 있지 못하고 나가게 된다.

이처럼 한국의 개인 공간은 객관적으로 배타성이 결여돼 있다. 비단 나뿐만이 아니다. 아이들도 공부 시간 이외에는 제 방에서 가만히 있지를 못한다. 공부만 끝나면 쏜살같이 방에서 뛰어나와 가족들이 몰려 있는 집합 공간에 합류해, 텔레비전 앞에 엎드리고는 꿈쩍도 하지 않는다. 사실상 한국 가정에 있어 개인적인 공간이란 유명무실하다.

한국인이 이처럼 가족끼리 한 곳에 합류함으로써 심리적으로 안정을 얻는 데 비해, 유럽이나 미국 사람들은 제각기 독립된 방에 완벽하게 격리되어 있을 때 심리적으로 안정을 얻는다. 어머니라도 아들 방에 들어갈 필요가 있을 때는 반드시 노크를 하고 허락을 받은 다음에 들어가야 하며, 집 안의 식당이라도 공공장소에 나가는 것 같은 마음가짐이나 몸차림으로 나간다. 한국 사람처럼 파자마 차림으로 길 건너 가게에 소주를 사러 나가는 법은 없다. 서구인들에게는 개인의 공간은 완벽하게 독립돼 있고, 따라서 배타성이 강하기 때문이다.

비단 집 안에서 뿐만이 아니다. 과거 우리 선조들은 주막에서 전혀 낯선 손님끼리도 한방, 한 이불을 덮고 발을 뻗고 잘도 잤다. 등짐장수, 봇짐장수, 소금장수 등 낯선 장사꾼들도 동네 사랑방에 가서 낯선 사람과 어울려 잤으며, 잡화상인들은 주막이나 동네 사랑방에서 낯선 사람들 한쪽에서 아내와 더불어 자기까지 했다.

이와 같이 공간을 공유하는 한국인의 의식구조와 공간을 배타하는 서양인의 의식구조는 사무실의 공간 구조와 업무 집행 구조도 달리

해놓았다.

한국 직장에서 개인적인 용도로 직무실을 갖는 사람은 국장 이상이나 이사 이상, 지점이면 지점장 이상이 고작이다. 여타의 직원은 같은 과나 같은 부끼리, 아니면 두서너 과가 공존하는 공동의 직무실 또는 대규모 직무실인데 예외가 없다.

그러나 미국의 직장에서는 대체로 각방을 쓰며, 최소한도 매니저 이상은 독립된 사무 공간을 소유한다. 한방을 쓰는 것은 최소 단위의 같은 계원 서너 명인 경우가 대부분이다. 또한 미국의 개인 직무실들은 사적인 공간의 성향이 농후하여 방주인의 허가 없이는 출입할 수 없다.

예전에 미국 워싱턴에 있는 아카이브(국립 문서 보관소)의 한국 관계 문헌 기록을 찾고자 그곳 부소장의 안내로 관계 담당관을 찾아간 일이 있었다. 한국 같으면 상관이기에 담당관 방을 자유롭게 출입하겠지만 이 부소장은 담당관의 비서가 허락할 때까지 무려 15분이나 기다렸다.

〈툴사 타임즈〉라는 지방 신문사에 들렀을 때도 나를 안내한 분은 논설위원장이었는데, 자기 부하인 논설위원 방문 앞에서 방주인이 허락할 때까지 10분 남짓 기다렸다. 그렇게 기다린 상관과 외국 손님인데도 자기 방안으로 안내하지 않고 문 앞에 선 채로 30여 분 동안 이야기를 나누었다.

한국에서는 한 곳에 모여 앉아 전후좌우의 사람들이 하는 일을 자연적으로 의식하고, 상호간의 일에 틈이 생기거나 모나지 않게끔 접촉 부분을 절충시켜가며 일을 한다. 만약 그 업무의 접촉 부분에 마찰이 생기면 직접 관계자끼리―그들이 횡적 관계건 종적 관계건 사적 관계건 아랑곳없이―서로가 납득이 가게끔 조정한다. A과의 담당 직원과 사전에 가능성을 타진하고 조정을 해서 결재를 올린다.

그런데 자유로운 출입이 금지되어 허가 없이 출입할 수 없는 상태에서는 일의 진행이 전혀 달라진다. 이런 상태에서는 각자가 맡은 업무의 질과 양이 명확하지 않으면 안 된다. 업무와 업무 사이에 빈틈이 없게끔 상부에서 설계가 되어 있어야 하는 것이다. 개개인은 명확히 규정된 자신의 업무에만 전념하면 된다. 전후좌우를 돌아볼 수도 없고 돌아볼 필요도 없다.

일에 마찰이 생겼을 때는 담당자와는 아랑곳없이 상위자가 조정을 한다. 서양의 기업에는 '포지션 디스크립션position description'이라 불리는 직위 기술서가 있는데, 취직 때 계약한 대로 그 기술서에 기록된 일만 하면 된다.

한국에서는 동료가 감기를 앓고 누워 있다는 전화를 받으면 제가 상사가 아니면서 사나흘 푹 쉬라고 말한다. 그 사람의 일을 자기를 포함한 여타의 동료가 충분히 할 수 있는 직무실 업무 구조 때문에 이같은 선심을 쓸 수 있는 것이다.

서양의 조직은 일 중심이기에 개인 직무실이 가능하고 한국의 조직은 사람 중심이기에 공동 직무실이 가능하며, 반대로 개인 직무실 문화이기에 일 중심이 되고 공동 직무실 문화이기에 사람 중심이 됐다고도 할 수 있다.

한국처럼 한방에서 많은 사람이 더불어 일을 하다 보면 자연히 직원들 간에 밀착된 인간관계가 성립된다. 오히려 업무 성과가 인간관계에 의해 좌우되는 경우가 허다하다. 그렇기 때문에 서양과는 달리 어떤 일을 얼마만큼 해내는 능력이 있는가보다 그 사람의 인간성과 협조성이 중요시된다.

오늘날 한국 기업의 가장 큰 골칫거리가 바로 공동 직무실 업무 구조의 갈등에 있다고 본다. 한국인의 의식구조는 공동 직무실 개념인데 기업이 해외에서 도입한 것은 개인 직무실 개념이다. 사원들은 공동 직무실주의, 곧 인간관계의 굴레를 못 벗어나고 있는 데 비해 기업은 개인 직무실주의, 곧 능력주의를 요구한다. 이 두 가지 요소가 화합·절충하지 못한 채 업무 구조상 분산되고 있는 것이다. 문제는 어느 한쪽을 전적으로 채택한다는 것이 효율적인 면에서 볼 때 바람직하지 못하다는 데 있다.

한국인의 의식구조를 무시한 기업 구조의 변화는 나무에서 고기를 구하는 격이 되고 만다. 인간관계와 능력주의는 반드시 상충하는 것만은 아니다. 적절한 한도 내에서 두 가지를 절충·융합시키는 한국적 업무 구조가 선행적으로 연구된 후 토착화되어야 할 것이다.

Chapter 04
한국인의 재미있는 중개문화

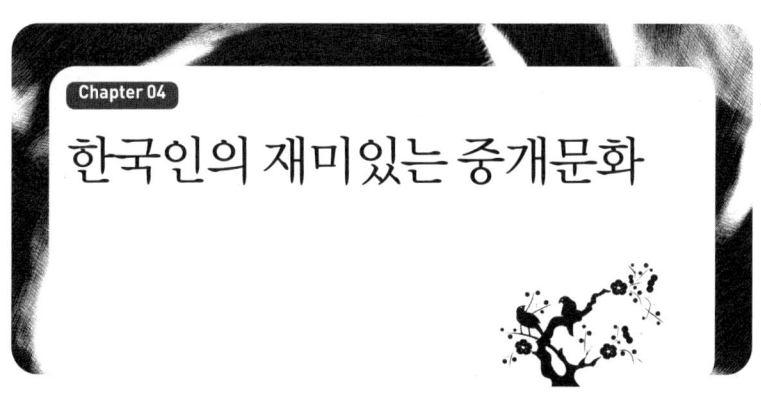

　우리나라의 전통적 유통 구조 가운데 가장 발달한 것이 객주客主다. 객주는 본래의 중개업에 창고업과 대금업, 여관업까지 겸했다. 한국의 상업 자본이 모두 이 객주들의 손 안에 있었을 만큼 객주업이 성행했던 것은 바로 중개 문화라는 문화적 배경 때문이다.
　복덕방의 변천에서도 중개 문화의 동일성을 엿볼 수가 있다. 촌락 공동체 사회에서는 촌락의 안태安泰, 풍년을 빌고 가뭄과 병액病厄을 면하려는 부락제가 많았다. 그 부락제의 제상에 올리는 희생음식이나 제수祭需를 모든 사람들이 고루 나눠 먹음으로써 신통력을 입는 것으로 알았다.
　그 제사 음식을 나눠주는 것도 중개를 통해서 이루어졌다. 요즈음

부동산 중개업을 일컫는 복덕방이 바로 제사 음식을 중개하는 기능을 맡았던 것이다.

고대 중국 문헌《한비자韓非子》를 보면, 부락제 때 쓰인 술과 희생된 동물의 살코기가 참가자들에게 배분되었는데, 이 술과 고기를 '복福'이라 불렀다 한다. 곧 참가자들이 제사를 통하여 받은 신력神力이 복이다. 제사를 지내고 나서 참가자들이 제주와 제수를 나눠 먹는 것을 음복飮福이라 한 것도 그 때문이다.

복은 제사를 모셨다는 '공덕功德'에 대한 보상으로, 그 제사 때문에 받아낸 일종의 축복이란 의미로 복과 덕德은 표리일체의 개념이 되어 내린 것이다.

곧 복의 개념은 불교의 'punya(복 또는 공덕의 의미)'의 개념에 영향을 받아 덕의 개념과 융합하여 '복덕福德'이란 말이 생겨났고, 이 복덕을 중개하는 곳이 복덕방이었다. 이 복덕방이 한국 문화의 한 자질인 중개의 필요성에 부응하여 촌락에서 필요로 하는 인간 중개, 물건 중개, 재산 중개를 맡게 되었고, 근대화 과정에서 집이나 토지 등 부동산 중개업으로 변질되어 오늘날에 이른 것이다. 곧 복덕방 문화는 중개 문화의 다른 표현이라 할 수 있다.

이 중개 문화는 서로 맞상대해서 싸우는 싸움에까지 영향을 주고 있다. 한국 사람이 싸우려 들 때 곧잘 하는 말이 있다. "말리지 마라." 손에 침을 뱉고 팔뚝을 걷어 올리며 하는 말이다. 말리지 마라는 것은 말리려 드는, 또는 말리게 마련인 제3자, 곧 중개인을 의식하고 하는 말이다. 반드시 중개인이 개입된다는 개연성이 없다면 이 같은 말이 나올 수 없다.

또한 한국인은 싸움을 시작할 때 가급적 자신이 먼저 얻어맞는 피해자 입장에서 싸우려 드는 것이다. 싸우면 이겨야지 먼저 맞겠다는 바보짓이 어떻게 가능할 수 있겠는가. 피해자로서, 약자로서 싸움에 임한다는 것은 곧 싸움을 말리는 제3자들을 의식하는 것이다. 싸움을 중재할 때 유리한 입장에 서고 싶은, 중재를 의식하고 기대하기에 가능한 소행이다.

싸움의 한국적 논리는 개인 싸움뿐만 아니라 경영자와 노동조합과의 싸움에서, 또 법정의 싸움에서도 적용되고 있다. 노동자와 경영자란 원칙적으로 격돌할 수 있는 성질의 것이요, 격돌하면 서양의 경우 어디까지나 쌍방 간의 싸움, 쌍방 간의 교섭으로 매듭짓는다. 한데 우리나라에는 조정 기관이 있어 개입하여 중재를 한다. 노사 협조라는 이름 아래 제3자가 나타나 왕성하게 개입하여 균형을 잡는 것이다.

재판도 그렇다. 원고와 피고의 이해와 잘잘못을 법에 의해 판결을 내리는 것이 재판이다. 직결 문화의 미국에서는 사사로운 분규, 심지어는 부모 형제에 얽힌 약간의 이해나 이웃, 동료 간에 얽힌 사소한 이해마저도 재판으로 해결하려 한다. 곧 이해 당사자 간의 중재를 거부하는 문화이기에 법정으로 몰고 가는 것이다.

그러나 중개 문화인 한국에서는 웬만큼 큰 이해관계가 아니면 중재로 화해하지 법정까지 몰고 가는 법이 없다. 일단 법정에 제소된 문제일지라도 화해율이 37퍼센트에 이른다고 한다. 미국의 2.5퍼센트에 비해 압도적인 수치가 아닐 수 없다. 화해를 한다는 것은 중재를 한다는 것이요, 그만큼 화해가 가능한 것은 중재에 큰 가치를 부여하는 의식구조의 소산이다.

서양에서의 재판관은 잘잘못을 가리는 것을 지상의 본명으로 삼고 있는데, 우리나라에서 명재판관으로 불리기 위해서는 가급적이면 화해 분위기를 조성해 서로 웃으면서 돌아갈 수 있도록 만들어야 한다.

Chapter 04
한국인과 미국인의 감기 처방법

예나 지금이나 우리 농가에서는 아이들을 방임으로 기른다. 어떤 의미에서는 미국과 같다고 할 수 있다. 그러나 이 방임은 가계가 어렵고 아이들이 많아 어머니의 손길이 일일이 미치지 않을 때 택하는 불가항력의 방임이요, 또 하루빨리 괴로운 가계를 도울 수 있는 한몫의 사람이 되어달라는 슬픈 염원이 깃든 방임이다. 곧 의존을 단절하고 독립 정신을 기르려는 육아 이데올로기가 있었던 것은 아니었다.

비단 정신적인 독립뿐 아니라 육체적인 독립에서도 이 육아관의 차이는 완연히 드러난다. 한 가지 실례로, 감기에 걸린 아이에 대한 미국인과 한국인의 관습 처방의 차이를 살펴보자.

한국의 어머니는 아이가 감기에 걸리면 바깥나들이를 금지시키고 옷을 두텁게 입혀 품에 안고 아랫목에 눕히고는, 이불을 덮어주고 땀을 흘리게 한다. 곧 외부로부터 철저하게 내향화한다. 이 내향화란 어머니 품으로의 귀향을 뜻하며 모자 체계로의 완벽한 귀일을 의미한다.

반면 미국에서는 아이가 감기에 걸리면 욕조에 찬물을 담아놓고 옷을 입은 채 찬물 속에 들어가게 한다. 그리고 차가운 콜라를 먹임으로써 차가운 기운을 내부까지 주입시킨다. 차가운 외부로 철저한 외향화를 하는 것이다. 이 외향화는 곧 부모라는 체온으로부터의 완벽한 격리를 의미한다.

만약 한국에서 감기 든 아이를 찬물에 넣고 찬물을 먹인다면 살인행위로 여길 것이다. 감기를 떼는 전통적 지혜로서 모체에로의 내향화가 효과적인지, 외향화가 효과적인지는 알 수 없으나 이 상반된 치료 방법이 형성될 수 있는 문화적 토양의 차이에 주의하게 된다.

생리적·의학적 효과를 떠나서, 한국적인 처리는 외계로부터의 육체적 내성耐性을 약화시키는 방편이요, 미국적인 처리는 육체적 내성을 강화시키는 방편임에는 틀림없다.

Chapter 04

'개인'보다는 '사이'의 가치가 지배하는 사회

    뉴욕 교외의 주택가 잡화상에서 우연히 목격한 일이다. 여남은 살 되어 보이는 미국 남자아이가 과자를 고르고 있는데, 한 교포 부인이 들어왔다.

  "하이 바비, 어제 왜 우리 애란이에게 발길질을 했지? 그 애가 울면서 집에 돌아왔더구나. 너도 한 번 차여볼래?"

  "아니에요. 내가 찬 게 아니라 애란이가 차인 거예요."

  "찬 것과 차인 것이 어떻게 다르다는 거지?"

  "애란이가 게임의 룰을 어겼기에 그 벌칙으로 차인 거예요. 그러니까 나는 룰에 따라 찬 것뿐이에요."

  "아무리 룰을 어겼다 해도 그렇지, 바로 이웃에 살면서 사이좋게 지내야 하지 않겠니? 더군다나 애란이는 친구도 많지 않은 외국인이고 너는 남자고 애란이는 여자아이잖아. 그런데도 너는 발길질한 것을 정당하다고 말할 거니? 잘못했다고 사과해라."

"아뇨, 난 사과할 수 없어요. 굳이 계속 사과하라고 강요하신다면 치안 판사에게 판결을 내려 달라고 할 거예요."

이 말을 듣자 교포 부인은 어처구니가 없었는지 "아니 저런 저런! 저 꼬맹이가……" 하는 것이었다.

여기에서 바비는 게임의 룰, 곧 약속이나 계약을 '인간'에 우선 시켜 가치를 두고 있는데, 반해 교포 부인은 약속이나 계약보다 '인간'에 가치를 두고 있다. 또 바비는 어디까지나 '개個'의 논리인 개인주의에 의거하고 있고, 교포 부인은 '간間'의 논리인 사람과 사람 사이에 가치를 부여하고 있다.

곧 교포 부인은 친하게 지내야 할 이웃이라는 사이, 본국인과 외국인이라는 사이, 남자와 여자라는 사이에 크게 비중을 두고 바비의 행동이 잘못됐다고 주장한 것이다. 그에 비해 바비는 침해받을 위기에 있는 개個를 사수하기 위해 치안 판사에가 달려가겠다고 버티고 있다. 한국인이 중요시하고 가치를 두는 '사이' 보다 '개個'가 한결 중요한 서양인의 논리를 이 미국 어린이가 대변하고 있는 것이다.

한국인은 웬만한 개個의 논리나 이익 같은 것은 사이, 곧 부모·형제·종씨·동창·동료·이웃·사제·남녀 같은 사이의 논리에 희생시키고 해소한다.

미국에서 있었던 '사이'가 증발된 소송의 실례 몇 가지를 들어보자.

홀어머니가 재혼을 하면서 고등학교에 다니는 아들의 친권을 할아버지에게 맡겼다. 그리고 약간의 재산도 친권자에게 맡기면서 대학 졸업 때까지 한 달에 얼마씩 손자에게 지급하도록 규정했다. 한데 할아버지가 운영하는 농장에 병충해가 심하여 살충제를 살포하느라고 손자에게 지급해야 할 돈을 한 달 거르게 되었던 것이다. 손자는 약속한 지급일이 지나자 지체 없이 법정에 지급소송을 했다.

조손祖孫뿐 아니라 부자父子 사이도 개개個의 논리 앞에서는 쉽게 증발해버린다. 해외 토픽에 실린 이야기다.

미국에서 한 가족이 호숫가에 캠핑 텐트를 쳤다. 고등학교에 다니는 아이가 그 호수에서 다이빙을 했다가 물 깊이가 의외로 얕아 중상을 입었다. 병원이 입원한 아들은 변호사를 불러 아버지를 상대로 손해배상 청구소송을 냈다. 그 이유는 자식의 안전을 지켜야 할 아버지로서 다이빙 지점의 수심이 얕다는 것을 표시하지 않고 미리 경고하지도 않았으니 이것은 보호자로서의 의무 태만이며, 그 때문에 부상을 입었다는 것이다.

부자 또는 조손 사이도 그러한데 하물며 이웃이라고 하여, 또 낯선 외국인이라 하여 자기중심적인 주장이나 이익을 희생시키는 법은 없는 것이다. 한국에서처럼 제자가 스승의 학설을 반박하지 못하고, 상관이라 하여 누명을 쓰고 감옥살이를 대신하는 한국인의 사이의 논리를 그들에게는 납득시키기조차 힘들다.

미국의 여류 문화 인류학자인 도로시 리는 학문 연구와 주부 및 어머니로서의 가사, 그리고 대학 교수직으로 무척 바쁜 여인이었으며, 학문과 주부업을 양립하는 일에 성공한 뛰어난 현대 여성이기도 하다.

그녀는 〈참가로서의 일의 기쁨〉이라는 에세이에서 사이를 부정하고 사는 미국 사회에서 사이의 소중함을 절박하게 뉘우침으로써 감명을 주었다.

에세이는 어느 겨울밤의 회상으로부터 시작된다. 빨래, 식사 준비, 청소 등 잡다한 일들을 일단 마무리 지은 그녀는 완전히 녹초가 돼버렸다. 일단락 지은 것으로 한숨을 돌리려 할 때 문득 아직도 한 가지 일이 남아 있음을 깨달았다. 세 살 난 딸아이로부터 부탁받은 인형의 이불을 만드는 일이었다. 빨리 침대 속에 들어가 노곤한 사지를 뻗고 싶었지만 딸애가 갖고 싶어 했던 인형의 이불 바느질을 시작했다.

한데 이불을 만들고 있는 동안 자신도 모르게 바느질에 열중하고 있는 자신을 발견하게 되었다. 어느덧 피로도 사라지고 깊은 만족감이 그녀를 감싸 안았던 것이다. 이 만족감과 기쁨이 어디에서 비롯된 것인지 그 이유를 다음과 같이 기술하였다.

나는 인간이 사회적으로 존재한다는 것이 어떤 것인지 알 것 같은 기분에 사로잡혔다. 분명히 나는 도로시 리라는 하나의 개인이다. 하지만 나는 그 이상의 어떤 존재였던 것이다. 나는 이 바느질을 하면서 내가 정말로 어머니며 아내며 스승이며 이웃 사람이었다는 것을 깨닫게 되었다. 나는 이 일 속에서 넓은 의미에서의 사이間라는 매개물을 발견한 것이다.

도로시 리에게는 자신의 둘레에 그어진 경계선, 곧 자기와 타인을 구별하는 강한 '개인'의 경계선이 안개처럼 녹아 사라지고 자신과 연관된 '사이'가 어렴풋이 부각된 것이다. 비단, 인형의 이불을 만드는 일에서 딸과의 사이가 부각된 것뿐만 아니라 그녀가 해온 모든 가사 노동들이 그 같은 의미가 있었음을 깨닫게 되었다.

이를테면 청소라는 가사 노동이 있다. 그런데 그 일 자체를 괴롭게 여기는 것은 주부로서의 개인에게 주어진 일이기에 하지 않으면 안 되고, 할 수 없이 해야 한다고 생각하기 때문이다.

주부로서 개個의 의식을 강하게 갖다 보면 여기까지는 나의 일, 여기서부터는 너의 일 하듯 생활 속 일에 경계선을 만든다. 곧 일은 개인과 밀착된 의무가 된다. 그러하기에 괴롭다. 한데 개個의 의식에서 사이의 의식으로 승화된다면 일은 고되지 않다. 조그마한 인형의 이 불은 사무적인 경계선이 아니라 어머니와 딸의 사이를 지각케 해준 것이다.

도로시 리는 개인이 엄격하게 폐쇄된 의무를 다한다고 생각하기보다는 타인과의 사이를 맺는 결속의 수단으로 일을 생각할 수는 없는 것일까 반문하면서 에세이를 맺고 있다.

개個의 논리와 가치가 지배하는 서양 사회의 일과, 사이의 논리와 가치가 지배하는 동양 사회의 일이 가지는 본질을 대비한 심오한 통찰이 아닐 수 없다.

옛날 우리 어머니들이 별 보고 잠자리에서 일어나 새벽닭이 울 때까지 20여 시간을 잠시도 쉬지 않고 고되게 일하면서도 불평 없이 감당해낼 수 있었던 것은, 원칙적으로 한국인의 사고방식 속에 사이의 논리와 가치가 체질화되어 있었기 때문이 아닌가 싶다. 즉 고된 일 하나하나마다 남편과의 사이, 아들딸과의 사이, 이웃과의 사이라는 사이의 논리를 작용시켰기에 고됨보다는 만족감을 갖고 일할 수 있었던 것이다.

CHAPTER 05

한국인의 무한한 잠재의식

Chapter 05
핵에너지를 품고 있는 민족

　급격한 도시화로 농촌 인구가 마을을 떠남으로써 마을 단위로 형성된 집단의식마저 사라졌다고 볼 수 있다. 그러나 완전히 소멸된 것이 아니라 언젠가 마을 같은 그런 '장'이 형성될 때까지 유보됐다고 보는 편이 옳을 것이다.

　그러다가 형태는 다르지만 자신의 일생을 귀속시킬 직장을 발견하게 되면 그 잠재돼 있던 집단의식이 수면 위로 떠오른다. 다만 마을의 경우처럼, 그의 완벽한 생존의 '장'으로서 확인될 때까지 주저하는 상태가 지속되기도 한다. 그러다 이 주저하던 집단의식이 직장에 투사되어 바람직하게 작용할 때, 경영 효과에 막대한 영향을 끼친다.

　그러나 종업원의 집단의식은 경영의 여하에 따라 영원히 유보 상태일 수도 있고, 또 주저 상태일 수도 있다. 그 효과적인 의식이 경영에 투사되도록 하는 요인은 집단의 구성원에 있는 것이 아니라 경영자에 있으며, 이 집단의식의 유발이야말로 한국적 경영의 요체가 아닌가 싶다.

이렇게 잠재된 한국인의 집단의식을 경영면에 유발할 수 있는가를 따져 보기 전에 집단과 개인의 한국적인 함수관계를 먼저 알아보기로 한다.

집단이 개인에 주는 플러스 면에서부터 살펴보면, 집단은 개인이 혼자서 할 수 없는 복잡하고 대규모적인 일을 하기 위해 만들어진 것이기에 집단으로 일하는 것이 혼자서 일하는 것보다 일을 편하게 할 수 있고 또 할 수 없는 일도 가능하게 한다는 점을 들 수 있다.

서양인의 집단 귀속은 그의 자격과 기능과 노동 시간으로 계산된 일정한 노동량을 고용주와 계약하고 귀속을 하기에, 서양인의 집단 능력은 집단을 이루는 구성원들의 능력의 총화와 똑같다. 곧 집단 능력은 아예 계산되어 정해진 것이며, 구성원들의 총화도 정해진 것보다 많거나 또 적어서도 안 되는 것을 이상으로 삼는다.

그러나 한국인의 집단 능력은 집단을 이루는 구성원 각자의 능력의 총화보다 커질 수 있다는 장점이 있다. 이를테면 집단 작업에서 열 사람의 각기의 힘을 내면 열 사람이 도합 100이라는 능력을 내는 것이 아니라, 그것이 120도 되고 150도 될 수가 있다. 반대로 100이 못

되는 90도 되고, 50도 될 수 있어 능력의 진폭이 크다. 이 진폭의 상한을 이루게 하고 하한을 이루게 하는 요인이 바로 한국인에게 잠재된 집단의식을 유발했느냐 아니냐에 있는 것이다.

또 한국인은 집단 속에서 자기가 맡은 직무 이외의 고민이나 걱정을 해소시킬 수 있다는 점에서 집단이 개인에게 플러스 가치를 부여하기도 한다.

서양 사람은 직장에서 맡은 자신의 직무나 직책 이외의 일에는 무관심하다. 어떤 서양인도 직장에서 자신의 가족적·인간적·사회적 고민을 해소시키거나, 그런 인생 문제를 집단에 의존하여 해소하려는 법이 없다.

그러나 한국인은 잠재적·촌락적 집단의식의 작용으로 신뢰할 만한 리더나 동료에게 개인 신상이나 감정 문제 해결에 무한히 의존하려 한다. 비단 리더나 동료 이외에도 집단의식만 촉발되면 집단 자체와 동일화하려는 성향이 생긴다. 이 같은 집단에의 동일화에서 우러나온 감정은 집단의 운명을 자기 자신의 운명으로 받아들인다. 곧 운명 공동체의 감정인 것이다. 그렇기 때문에 집단의 명예는 자신의 명예가 되고 나의 명예가 집단의 명예가 된다.

더욱이 집단을 강대한 존재로 여기고 자신을 그것에 동일화하면 할수록 자신의 자아 감정도 그것에 응한 강대한 것으로 의식하게 되어, 결국 집단과의 심리관계는 개체의 감정면에서 자아 확대 역할을 하게 된다. 아울러 집단의식이 잘 촉발되어 관리된 집단에서는 그 집단의 쇠퇴나 파산은 곧 자신의 쇠퇴나 파산이 되기에, 서양 사람처럼 계약된 보수에 어긋난다 하여, 또 계약된 것보다 업무량이 많아졌다 하여 퇴사해 버리는 법은 없다.

Chapter 05

인간적이라 더 멋진 한국인

　아프리카 케냐의 야생동물 공원으로 여행했을 때 일이다. 시즌이 아니어서 영국 BBC 프로듀서로 있는 미국인 부부와 함께 사파리 차를 타고 닷새 동안 여행을 하였다.
　우리는 금방 친해졌고, 한 마을에 도착하여 한 사람당 5달러짜리 뷔페 점심을 같이 하게 되었다. 대부분의 한국인이 그러하듯이 나는 그들 몫까지 15달러를 냈다. 그렇게 하도록 누가 강요한 것도 아닌데 그저 무의식중에 그런 행동을 한 것이고, 하고 나서도 내가 점심을 샀다는 것을 의식하지도 않았다. 한국인의 체질화된 의식 가운데 금전에 대한 비타산적인 요인이 그렇게 행동하게 했을 뿐이다.
　우리는 여행을 계속했는데 점심 먹기 전과 먹고 나서의 프로듀서

부부의 행동이 판이하게 달랐다. 그 이전에는 커피 한잔 먹자고 하지 않더니 이제는 마을을 지날 때마다 커피다, 아이스크림이다, 오렌지다, 코코넛이다, 마냥 차를 세우는 것이었다.

그러다가 어느 한 시점을 마지막으로 마치 칼로 자르듯 먹을 것 대접의 친절을 잘라버렸다. 이상해서 혹시나 하는 마음으로 이 친구가 나를 위해 쓴 돈을 추산해보았더니, 어림해서 10달러어치였음을 알게 되었다.

아찔해졌다. 저토록 정밀하게 타산할 수 있단 말인가. 점심 때 부담한 10달러를 초조하게 소비함으로써 변상하고는 유유자적하는 그 꼴이 민망하여 온몸에 벌레가 스멀거리는 듯 한 구역을 느꼈다. 사람人은 사람과의 사이間 때문에 인간人間인데, 그 사이가 반드시 금전의 타산으로 이루어져야 하는가란 생각이 들었다. 만약 그들이 한국인이었다면 나처럼 모멸감이나 배신감 같은 것을 느꼈을 것이다.

곧 서구의 타산적 인간관계로 형성된 문화 유형과 한국의 비타산적 인간관계로 형성된 문화 유형이 충돌함으로써 빚어진 문화 충돌이었다.

죽 한 그릇 헤아릴 줄 모르는 아낙은 다복하나 거지에게 보리쌀 한 됫박 퍼준 것까지 헤아리는 아낙은 박복하다는 말도 있다. 비단 금전이나 재물의 타산뿐 아니라 노력의 경제적 타산에도 한국인은 서구와는 판이하게 정신적이다.

인조 때 급변하는 북변 정세에 따라 남한산성의 축성築城이 시급하여 단시일 안에 쌓으라는 지상 명령이 내려졌다. 서남 방면의 축성을 맡은 관군은 이회의 치밀한 축성 계획 아래 동원할 인력을 계산하여 규정에 맞추어 쌓았고, 동북 편을 맡은 승군은 벽암대사의 정신력과 그의 인간적 배려 및 계급을 무시한 평등한 참여로 축성에 임했다.

이회는 타산된 노력에 의한 합리적 경영을 했고, 벽암은 비타산적 노력에 의한 인간적 경영을 했다. 결과는 강행공사 끝에 승군은 소기의 목적을 앞당겨 달성했고, 이회는 그러지 못해 사형을 당했다.

타산된 노력은 그 성과가 뻔하지만 정서적 인간관계의 형성이 전제되면 타산되지 않은 노력으로 배가의 성과를 가져올 수도 있다는 입증을 한 것이다. 이 같은 노동력의 비타산 성향은 현대 한국 경영이 여건만 갖추고서 노리면 얼마든지 취할 수 있는 한국만이 지닌 경영의 보고가 아닐 수 없다.

이 비타산성이 한국을 가난하게 했다고 비난을 가하기도 하지만 이는 비타산성을 비생산성과 혼동한 데서 비롯된 오류다. 비생산은 물질적 차원이고, 비타산은 정신적 차원이기에 별개의 것이며, 잘 가꾸어 계도하면 좁아지는 국제사회의 물질문명에 이바지할 소중한 한국인 특유의 정신문명이라 할 수 있다.

Chapter 05
눈은 작고 담은 크고

　한국인은 윙크할 때 그저 한쪽 눈을 감는다는 것 이외에 아무런 여운이 없다. 서양인의 윙크는 눈빛을 영롱하게 하고 눈이 전하는 뜻을 농축시키기 위해 눈 가장자리를 약간 쥐는 식인 데 비해 눈놀림이 서툰 한국인은 대개 눈을 감아버린다.

　미국 사람에 비해 한국인의 표정근이 발달하지 않았다는 것은 익히 알려진 바이지만, 눈매의 표정 조직에도 예외가 아닌 것 같다.

　한국인의 눈동자는 잘 움직이지 않는다. 악감정의 표시로서 고의적으로 눈을 흘기는 일 이외에는 평상시 사물을 파악하기 위해 눈을 움직이는 것을 서양인처럼 자연스럽게 하지 못한다. 눈의 후진성은 사물을 객관적으로, 또 원근법으로 볼 줄 모른다는 데 그치지 않는다.

그것은 문학이나 철학에까지 반영되어 우리나라 정신문명에도 영향을 미친다. 한국인의 옛 그림에 원근법이 발달하지 않았던 것도 그 때문인 것이다.

18세기에 한국 사신 일행이 베이징 천주당의 천장에 그려진 성화聖畵를 올려다보고 행여 천사가 떨어질까 몸을 움츠렸다는 박지원의 기록은 과장이 아니라 원근법에 미숙한 눈이 처음 원근법을 접함으로써 빚어진 필연이었을 것이다.

한국인의 특색은 눈에 있는 것이 아니라 몸 깊숙이 들어박혀 있는 담에 있다. 대담하고 담대하며, 간담이 서늘하고, 장담하고 낙담하며, 상담한다는 그 담이 좌우한다. 또한 담은 모든 것을 무차별하게 삼켜 버린다. 고난도, 권태도, 치욕도, 분노도, 원한도 또 기쁨도 꿀꺽 삼키고는 가만히 있다. 객관적으로 모순당착된 것도 삼키고는 아무렇지 않다는 듯 멀뚱멀뚱 거린다. 그러므로 담을 크게 기른다는 것이 한국인일 수 있는 조건이 된다. 그러나 담은 현재를 극복하는 데는 더없이 저력을 발휘하지만 눈이 없기 때문에 미래가 없고 비전이 없다. 오늘을 악착같이 고수하는 집요함은 있지만 내일을 위해 발돋움하는 진취력이 부족하다.

한국사상 가장 혁신적인 소장학자少壯學者 김식이 기묘사화 때 쫓기다 못해 자결을 결심했을 때 시중드는 하인에게 남긴 마지막 말이 '이토록 담담하고 소박하니 죽어 마땅하다'는 것이었다. 자신을 둘러싸고 있는 환경을 감당하지 못한 자신을 탓하는 말이다. 세계적인 문호 괴테가 임종 때 한, "보다 더 빛을!"이라는 외침과는 적이 대조적이다.

현재에 집착하는 한국인의 담과 미래를 노리는 서양인의 눈은 차이가 완연하다. 1970년에 한국 히말라야 등반대가 추렌히말 봉의 등정을 최초로 성공하며 국제 기록으로 인정받은 바 있다. 그 후 해외의 두 등반대가 각기 추렌히말 봉을 등정하고 나서, 한국의 등반 기록에 의문을 제기했다. 그 의문의 초점은 전진캠프 간의 접근에 있어 한국 등반대가 전진했다는 시간은 크레바스crevasse나 빙벽冰壁 등 현지 상황으로 비추어 볼 때 도저히 불가능하다는 것이었다. 이를테면 C지점에서 D지점 사이에는 만년萬年 크레바스가 있어 우회하는 데만 사흘이 걸리는데, 한국 등반대는 하루에 주파한 것으로 돼 있었던 것이다. 그러나 그런 의문은 한국인의 의식구조를 몰랐기에 제기되는 것이다.

내가 등반대에 참여했을 때 목격한 일이지만 약 2미터 남짓한 폭의 크레바스쯤은 점핑으로 뛰어넘는 것이 다반사였다. 만약 뛰어넘지 않으면 반나절이나 며칠씩 우회하지 않으면 안 되기에 위험과 모험이 수반된 점핑을 서슴없이 감행하였다. 그것은 '눈'의 행동이 아니라 '담'의 행동이다. 한국인은 반대편 빙질이 약할 수도 있고 뛰어내리는 체중으로 얼음이 깨져 수백 미터나 되는 죽음의 함정에 빠질지도 모르는 미래에 그다지 신경을 쓰지 않는다. 또 빙벽을 등반할 때 그 벽두에 위험천만한 만년설의 눈덩이가 붙어 있다 해도 한국인은 기꺼이

이 벽에 들러붙는다. 우회할 경우 며칠씩 걸리기 때문이다. 이것은 떨어질 것을 예상하는 눈(비전)의 행동이 아니라 위험부담을 안고 뛰어드는 담의 행동이다. 그러고는 몇 천 년 동안 떨어지지 않던 눈덩이가 설마 내가 올라갈 때 떨어지겠느냐는 어떤 요행이나 운명적인 미래에 의지한다.

만약 서구의 등반대라면 그만한 크레바스에는 그것을 가로지르는 크레바스 사다리를 걸치는 일마저도 기피했을 것이다. 왜냐하면 상대편 빙질에 자신이 없기 때문이다. 만약 빙벽의 설괴雪壞가 쉽사리 떨어질 것 같지 않다고 판단된다 하더라도 1퍼센트의 낙하 확률을 감안하여 우회의 길을 더듬는 것이 지극히 당연한 상식이다.

눈앞의 미래를 십분 계산하는 서양인과 눈앞의 미래를 운명이나 요행에 의지하는 한국인의 의식구조 차이가 등반 행동을 전혀 달리해놓는 것이다.

인력으로 할 수 있는 미래의 방기放棄는 앞을 내다보는 눈이 발달하지 않은 데서 비롯된 것이고, 대개는 그 공백으로 비어 있는 미래를 운명이나 요행으로 충당하고 낙천적으로 행동한다. 서양인들이 도저히 상상도 할 수 없는 단시간에 등정을 하고 터널을 파고 다리를 놓을 수 있는 돌관성은 이에서 비롯된 것이다.

Chapter 05
외래문화도 주인처럼 받아들여

  한국인이 외래 사상이나 이질 문명에 저항한 것은 그 사상이나 문명이 피부 감촉적인 근접한 영역까지 침투했을 때로 국한된다.
  한국에서 처음으로 천주교 박해가 시작된 것은 정조 때 천주교 신도인 윤지충이 어머니의 신주를 소각시킨 사건이 발단이었다. 신주를 살아 있는 생명보다 소중히 여겼던 가치관에서 볼 때 이는 지극히 피부 감촉적인 영역의 침범이었다. 곧 가족이나 조상의 개념에 피부적인 저촉을 했기에 반동이 강했던 것이다.
  개화사상의 일환으로 단발령이 내렸을 때도 조상이 내려준 유체遺體로 인식했던 머리를 자른다는 피부 감촉적 저촉 때문에 자살을 하고 반란을 일으킬 만큼 맹렬한 반동이 일어났다. 그러나 이러한 영역만 건드리지 않는다면 아무리 급작스런 개화정책을 펼친다 해도 저항한 적이 없었다.

　1920년 9월 영주 문정리에서 예수교를 믿는 박성화란 사람이 그의 아내에게 시어머니 조석상식朝夕上食을 금하자, 아내는 "예수교가 올바른 교리라면 부모를 저버리라고 가르칠 리가 없다"며 상식을 계속하였다. 결국 갈등 끝에 남편이 뒷동산에 시어머니 신주를 묻고 투신자결한 사건이 발생했다. 이것은 당시에 큰 사회 문제로 대두되었다. 민족 지도자요, 기독교회 지도자인 이상재李商在 선생도 예수의 마음을 한국적 형식으로 동화시켜야 한다고 믿었기 때문에 상식을 금한 예수교도 남편이 옳지 않다는 공론을 폈다.

　이에 강경파 교회 지도자인 양주삼 목사는 제사를 미신적 풍속이라 격하하고 며느리의 행동을 규탄하는 반론을 폈으며, 노학자 김윤식 등은 "나는 예수를 믿고 싶으나 제사를 지내지 않으면 안 되기에 믿지 않는다"는 재반론을 제기했다. 양주삼梁柱三 목사의 반론으로 전국 유림이 궐기하였고 교회 투석 사건이 잇달았으며, 예수교도와의 통혼通婚 거절 사태까지 빈발했다.

　이 같은 이질·이단에의 관용은, 모든 신은 동격이라는 다신적 샤머니즘과 이 세상에 있는 것에 존재 이유를 부여하려는 다신교의 사고방식에서 원인을 찾아볼 수 있으나, 방문마다 자물쇠를 잠그고 사는 서구적 자물쇠 문화권과 정반대되는 사립문 문화권이라는 점에서도 찾아볼 수가 있다.

　미국의 한 아파트에서 있었던 일이다. 집주인이 몇 달 동안 아파트 세를 내지 않은 입주자에게 집세를 독촉하고자 예고 없이 입주자의 아파트에 찾아들었더니 무단 가택 침입이라고 고소하여, 아파트 주인이 패소한 기사를 읽은 적이 있다.

　이에 비해 우리나라는 어떠한가? 지금 농촌에는, 하루 종일 개방돼 있는 사립문을 열고 낯선 사람이 마당 깊숙이 들어가 마루에 앉아 있다 해서 그것이 별 문제시되지 않는다. 방과 방 사이를 차단한 창호지 문은 그것을 존중하는 사람끼리 통용되는 정신적 차단일 뿐, 서양의 집처럼 물리적 차단이 아니다.

　아무리 외래의 이질·이단 문화라 해도 어떤 피부 감촉적인 차단물에 대한 정신적인 배려만 하면, 사립문을 열고 깊숙이 들어가 마루에 앉아 있어도 별스럽게 생각하기는커녕 오히려 융숭하게 대접을 한다. 그러기에 한국에는 통속적 실존주의도 신좌파도 블루진 문화도 팝 문화도, 그 밖의 어떤 외래문화도 거리낌 없이 사립문을 열고 마당을 가로질러 마루에 와서 주인처럼 왁자지껄할 수 있는 것이다.

Chapter 05
한국인과 자연은 끈끈한 관계

    한국인에게 있어 고향은 예외 없이 꽃 피는 산골이며 저 산 너머에 있다. 산의 연상 없이는 고향이라는 이미지를 감지할 수가 없다. 고향의 감각은 바로 대자연과 접합하는 그 대목에서 우러나는 감각이다.

    한국의 집이나 건축물이 유럽이나 중국 또는 사막 국가들에 비해 허술하고 규모가 형편없는 이유는 분지라는 큰 집 속에 자연과 숨결을 차단하는 큰 규모의 집을 짓는 것을 거부했기 때문이다. 분지라는 커다란 자연의 집 속에 사는 한국인에게 집이란 건축물이라기보다는 속옷 위에 입는 겉옷쯤으로 여겼다는 편이 옳다.

    날마다 새벽 달 보고 집을 나가 저녁 달 보고 집에 돌아오는 농사일을 해온 한국인이었기에 주로 아침과 점심은 자연 속인 들판에서 먹는다. 집에 있는 시간이란 저녁밥 먹고 잠자는 시간밖에 없다. 곧 하루라는 물리 시간의 4분의 3을 집 밖의 자연 속에서 살고, 가치 시간의 10분의 9를 집 밖의 자연 속에서 보낸다. 한국의 집은 잠이라는 생리 시간 동안 비나 눈을 막기 위한 가건물 이상의 뜻을 가지지 않는다. 그러하기에 들어가 누울 만한 공간만 있으면 된다. 클 필요도 또 꾸밀 필요도 없다.

문화 인류학적인 측면에서 볼 때 한국의 오두막은 분지라는 큰 자연의 집에 상주하기에 그렇게 작아질 수밖에 없는 것이다. 사실 오두막집의 방문은 허리를 거의 90도로 굽히지 않고는 드나들 수 없을 만큼 작다. 서서 편하게 출입할 수 있도록 만들 줄 몰라서 작아진 것도 아니요, 그렇게 만들 만한 재목이 없어서도 아니다. 크게 할 필요가 없기 때문에 작아진 것이다. 상주지常主地인 들판에서 자러 들어갔다가 자고 나오는 그 한두 번을 위해 문을 크게 한다는 것은 불필요한 난방비용만 높일 뿐이기 때문이다.

개화기 때 한국에 온 서양인들은, 한국인이 가난하다는 증거로 빈약한 가옥을 드는 데 예외가 없었다. 하지만 그것은 하루의 가치 시간을 주로 집에서 사는 그들의 오해이며, 한국인의 생태를 이해한다면 반드시 빈약한 집이 가난과 직결되지 않는다는 사실을 알 수 있었을 것이다.

그만큼 한국인은 자연과 동화해서 자연 속에서 살고, 서양인은 자연과 단절되어 주로 집에서 산다. 한국인이 주거생활을 등한시하는 이유는 바로 이같이 자연과 동화해서 사는 한국인의 자연관에 큰 이유가 있는 것이다.

이처럼 자연과 밀접하게 동화돼 있기에 한국인은 인간과 인간과의 관계가 자연과의 관계보다 덜 밀접할 수밖에 없다. 따라서 한국의 취락 구조에는 중심지가 없다. 서양의 도시는 광장이란 중심지를 기준으로 하여 길이 방사선형으로 나고, 그 길가에 취락군이 형성된다. 광장은 그 도시에 사는 사람의 인간관계 장이었다.

고대 그리스에는 아고라라는 광장이 있었는데, 많은 각계각층의 사람들이 그곳에 모여 의논을 했다. 그 광장이 있었기에 그리스가 민주주의의 탄생지가 된 것이다. 모든 서구의 도시가 중심 광장, 그곳이 공원이건 기념물이 서 있건 교회가 있건 시청이 있건 간에, 핵구조를 이루고 있는 데 예외가 없음은, 같은 취락 지역에 사는 인간과 인간의 관계를 소중히 여겼던 문화의 구조적 증명이다.

한데 한국의 도시나 고을이나 마을에는 광장이 없다. 산에 둘러싸인 자연 속에서 자연과 외연적外延的인 관계가 주가 되고 보니 내연적內延的인 인간과의 관계는 희박해질 수밖에 없다. 곧 자연의 흡수력이 강하기 때문에 반비례해서 인간끼리의 흡인력이 약화된 것이다.

한국인의 의식구조 가운데 공공심公共心 부재가 곧잘 거론되는 것도 한국인이 자연과의 관계 농도가 진하다는 것과 밀접한 연관이 있다. 공공심은 취락 구조 속의 인간과 인간관계를 중요시함으로써 우러나는 의식이기 때문이다.

Chapter 05
인공도 반자연화 시키는 한국의 자연

'자연은 인공적인 것에 의해서 비로소 완성된다'는 아리스토텔레스의 말이 유럽인의 자연관이라면, 한국에서는 인공적인 것을 완성시키는 것이 바로 자연이다. 인공물도 세월이 흐르면 녹이 슬고 곰팡이가 낀다. 그렇기 때문에 인공물을 자연화하는 효소물酵素物이 인공성을 중화시켜 자연으로 유도해 가는 것이다.

집을 일 년만 비워두면 한국 기후의 습기와 추움과 따듯함이 작용하여 이끼와 곰팡이를 끼게 하고, 풀이 돋아 반자연화한다. 그리고 세월이 흐르면 가만히 두어도 저절로 자연화해 버린다. 곧 인공물이란 항상 과도적인 것으로, 궁극적인 완성은 자연으로 돌아가는 것이다.

그러하기에 한국의 건축물은 옛날부터 가장 쉽게 자연으로 돌아갈 수 있게 배려된 과도적 가옥이었다. 자연 그대로의 나무를 가지만 치고, 굽으면 굽은 대로 잘라서 기둥을 세우고 서까래를 놓는다. 흙을 이겨 벽을 바르고, 짚이나 억새풀을 엮어 지붕을 덮는다. 인공이란 그저 자연을 필요한 만큼만 옮겨놓는 것이요, 그 집에 살지 않고 두면 해체하지 않아도 고스란히 자연으로 되돌아가는 그런 것이다.

하지만 서양의 집은 다르다. 그것은 완전한 가공加工이요, 자연으로 회복될 수 없는 변형이다. 그러하기에 서양의 건축물은 3천 년, 5천 년을 견뎌낸다. 지금도 르네상스 시대의 건축물에 사람이 살고 있으며, 라인 강변의 고성들도 별장으로서 현대 주택보다 엄청나게 비싼 값에 매매되고 있다.

개축이나 보축 등 손을 대지 않고는 1백 년을 유지하기 어려운 한국 집을 비교해볼 때, 한국인의 건축에는 인공이란 것도 무상조화無常造化의 자연관에 지배되고 있음을 알 수 있다.

인공적인 것을 자연이 완성한다는 한 실례로 한국의 도자기를 들 수 있다. 도자기 원형을 만들 때는 토질이나 수질이나 색소에 세밀한 주의를 기울이지만, 일단 그 원형을 가마에 넣은 다음부터는 자연의 힘에 의존할 수밖에 없다. 곧 진인사대천명盡人事待天命이다. 개중에는 잘 구워져 기대했던 것보다 더 좋은 색조가 나타날 수도 있고, 실패작이 나올 수도 있다. 인공물도 이처럼 자연이 완성시킬 여지를 남겨 두는 민족이 한국인이다.

유럽인들은 연료나 온도를 확인해 항상 같은 온도를 유지하는 등 모든 여건을 분석, 하나의 도자기가 이루어질 때까지 자연이나 우연히 작용할 여지를 거부한다. 그러하기에 똑같은 범작凡作을 양산할 수는 있어도 신운神韻이 나는 희대의 걸작은 만들지 못한다.

이처럼 자연은 자연뿐 아니라 인공적인 것도 포용해서 무화시킨다는 자연관 때문에 한국인은 생활에서 파생되는 인공적인 오물 처리에 둔해질 수밖에 없다. 모든 오물은 밭에 뿌리고 거름터에 버리면 그 속에서 무화돼버린다. 지저분한 쓰레기가 길에 널려 있으면 그것을 언젠가는 비雨가 쓸어 없애준다고 생각한다.

버린다는 것은 자연의 품으로 돌려주는 것이라는 이러한 자연관 때문에 한국인은 쓰레기나 오물을 아무 데나 버리는 것에 죄책감을 느끼지 않고 살아올 수 있었던 것이다. 오늘날 크게 문제시되고 있는 자연 경관 훼손이나 오물 공해의 원인이 공공심 부족에도 있으나, '조화'라는 자연관도 무시할 수 없다.

Chapter 05
환경과 조화를 이루는 민족

한국인은 자연 속에 들어가 그 속에 동화되어 사람과 자연의 한계를 애매하게 한다. 이 같은 자연관은 한국의 집에 정원을 발달시키지 않은 중요한 원인이기도 하다. 물론 집 둘레에 나무를 심는 습성이 있으며, 울밑에 봉선화도 심고 장독대 인근에는 맨드라미도 심는다. 그러나 이 정도로 마당을 꾸미는 것은 서양의 정원이나 일본의 정원에 비하면 조원造園이라 말할 수도 없다.

베르사유 궁전의 정원을 가보면 잣대로 재고 컴퍼스로 둘러 기하학적으로 가공되어 있지 않은 부분이 어느 한 군데도 없다. 나무 한 그루도 자연스럽게 자라지 못하게 가공하여 좌우 대칭을 이루게 하거나, 혹은 삿갓 씌우듯 혹은 함지박을 엎어놓은 듯 오밀조밀 각종 조형을 이루어놓고 있다.

　서양의 정원에서 나무나 꽃들은 아무 데서나 자유롭게 자랄 수 없다. 사람이 지정한 범위 내에서 사람이 지정한 키 이상으로 자라지 못하며, 사람이 정한 폭 이상으로 자라지 못하도록 엄격히 규제받고 있다. 이 규제에서 조금이라도 벗어나면 여지없이 칼로 잘라버린다. 곧 인공이 가미되지 않은 자연은 서양의 정원에서 미를 형성하지 못하는 것이다.

　그 같은 자연관을 대변하는 상징적 장치가 서양식 정원에서 쉽게 찾아볼 수 있는 분수다. 물은 높은 데서 낮은 데로 흐른다. 곧 위에서 아래로 떨어지는 것이 자연이다. 그러나 서양인들은 자연과 인간의 대결 상태로 자연을 파악하기에 물 흐름도 가공하여 역류를 시켜야 직성이 풀리고 미를 느낀다. 그 역류가 분수라는 조원 형식을 있게 한 것이다. 자연스런 물을 가공적으로 역류시켜 놓고 울긋불긋 오색등으로 조명하고서 "원더풀!"을 외친다.

　일본 정원은 서양 정원에 비해 가공을 배제하고 자연을 소중히 한 것 같지만 실은 가공하는 질이 다를 뿐이지 자연의 변형은 서양이나 매한가지다. 서양의 가공이 조형인데 비해 일본의 가공은 축소란 것이 다를 뿐이다. 큰 자연을 작게 만들어 조그마한 공간에 재생시킨 것이 일본의 정원이다. 큰 자연 환경을 작은 세계로 향유한다.

　일본 집의 손바닥만 한 뜰에는 미니 산이 만들어지고 손가락 폭만

한 냇물이 흐르며, 그 냇물에 성냥개비로 만든 것 같은 다리가 걸린다. 그런 다음 난쟁이나무들로 숲을 만들고 그 숲속에 신사를 세운다. 멀리 후지산을 만들어놓기도 하고, 농가를 지어 놓기도 하는데, 아이들이 가지고 노는 인형까지 만들어놓은 것도 본 일이 있다. 그들은 큰 자연을 이같이 왜소화하여 정원을 꾸민다.

이 같은 정원 형식을 차경借景이라 한다. 자연 경치를 빌려 집 안에 들여놓는다는 뜻이다. 자연 경치란 크다. 그러므로 큰 것을 그대로 옮겨 놓을 수 없기에 가공을 한다. 일본에서 발달한 분재盆栽도 일종의 차경이라 할 수 있다. 나무라는 자연을 집 안에 들여놓기 위해서 크게 자라지 못하도록 축소시킨 것이다.

서양이 정원을 매체로 자연에 도전했다면 일본은 정원을 매체로 자연을 절취하였다. 서양은 자연을 파괴함으로써 미를 얻었고, 일본은 자연을 훔침으로써 미를 얻었다. 오사카 로열 호텔 로비에 가면 냇물 줄기가 로비 안으로 흐르게 돼 있고, 로비 바로 밖에는 5미터 남짓한 폭포가 만들어져 하루 종일 물을 쏟아내고 있다. 이 폭포나 방 안에 흐르는 물줄기를 보고 건축에 자연을 조화시킨 지극히 자연을 좋아하는 민족이라고 자위하는 것은 아마 일본 사람뿐일 것이다.

그것은 자연과 똑같이 만들어낸 가공 자연이지, 있는 그대로의 자연은 아니다. 서양 사람들이 자연스레 흐르는 물을 역류시켜 분수를 만들었다면, 이 같은 도시 속의 폭포는 인공적으로 역류시킨 물을 폭포로 하여금 다시 내리쏟게 했다는 점에서 이중 가공이요, 아무리 자연과 비슷하게 만들었다 해도 가공이 겹칠수록 자연과 멀어져 가는 이미테이션임에는 틀림없다. 그러므로 정원의 가공 면에서는 서양에 비해 일본이 보다 지능적이다.

예부터 우리나라에서도 차경하는 정원 조향 습속이 있었다. 함양군 개평리에 있는 정여창鄭汝昌 선생의 고택 정원에는 바윗돌을 주어다가 인공적으로 조산造山한 것이 지금도 남아 있고, 또 우리나라에 가장 완벽하게 남아 있는 정원 중 하나인 남원 광한루도 전형적인 차경 정원이라 할 수 있다.

그러나 이것은 일본에서와 같은 흔히 있는 자연의 차경이 아니라 상상 속의 달에 있는 자연의 상징적 차경이란 점에서, 보다 스케일이 크고 시적이며 환상적이다. 그러하기에 실제 있는 자연의 차경이란 우리 조원 전통에서 무시해도 된다.

한국의 전형적인 정원은 창덕궁 정원인 비원을 연상하면 된다. 아무런 가공도 없이 자연스럽게 자란 그대로다. 무슨 나무는 못 자라게 뽑아버리고 무슨 나무는 어디에서만 자라게 하며, 더 이상 크지도 뻗치지도 못하게 제한하는 법 없이 자유분방하게 자랄 대로 자라게 한 자연 그대로를 정원으로 삼았다.

자연을 축소하고 풍경을 미니화하는 그런 사고는 한국인의 전통적 자연관이 허락하지 않는다. 자연의 물 흐름을 역류시키는 분수는 기술이 없어 못한 것이 아니라 한국인의 의식구조가 할 수 없게 한 것이요, 낭떠러지가 있으면 폭포가 이루어지는 것이지 일부러 물을 퍼 올려 폭포를 만들거나 하는 것 역시 한국인의 의식구조가 용납하지 않는다.

자연을 개방, 가공, 축소, 이용하려는 대결의 사고방식을 지닌 사람들에게만이 자연을 절취·가공하여 사유화하는 조원술이 발달하는 법이다. 우리 한국인처럼 자연에 동화되어 자연의 일부로서 사는 사람들은 자연을 절취하고 가공할 필요가 없다. 왜냐하면 온통 주변이 자연 그대로의 정원이요, 하루의 대부분을 지내는 생활의 장이기 때문에 굳이 자연을 훔쳐다 사유화할 필요가 없는 것이다. 앞문을 열면 한쪽 풍경화요, 뒷문을 열어도 한쪽 산수화다. 굳이 수목을 옮겨다 담 안에 갖다놓을 필요가 없기에 한국에는 조원술이 발달하지 않은 것이다.

또한 한국인은 집 밖의 자연이 정원이기에 그 큰 정원, 별나게 경치 좋은 목마다 정자를 지었다. 우리나라를 정자 문화권이라 부를 만큼 정자가 발달한 이유는, 곧 정자에서 누리는 시야의 자연을 공유하기 위해서다. 서양인이나 일본인들이 자연을 떼어놔서 즐긴다면 한국인은 자연 속에 들어가 즐겼던 것이다.

고산 윤선도尹善道는 해남 보길도甫吉島란 자연을 완전히 자신의 정원으로 삼고 살았다. 나무 좋은 이 절에 조그마한 두어 칸 초당인 낙서재樂書齋를 짓고 살았는데, 물론 낙서재에는 정원도 담도 없다. 그러나 그는 경치 좋은 곳곳에다 회수당回水堂, 석당石堂, 세연정洗然亭, 정성암靜成癌 등을 지어 그 모든 자연을 정원화하였다.

그는 낙서재에서 닭소리와 더불어 일어나서 반드시 경옥주 일 배를 마신 다음 머리를 단정히 빗고 자제들의 공부방에 들러 강의를 했다. 그리고 조반 후에는 현죽眩竹의 풍악을 따르게 하여 회수당 석당에 올라가 놀았다.

세연정까지 갈 때는 노비들에게 술과 안주를 준비시키고 자제들을 시중케 하였으며, 희녀姬女를 태워 배를 못에 띄우고 영동 남녀슈童男女의 채복이 물 위에 비치는 것을 보며 〈어부사漁夫詞〉를 읊었다.

베르사유의 가공적 사유 정원을 거닐었던 루이 14세와 보길도의 자연적 공유 정원을 거닐었던 윤선도 중 누가 더 정원의 효과를 누렸을지 한번 비겨봄직하다. 그 차이가 서양인과 한국인의 자연관의 차이라 할 수 있기 때문이다.

Chapter 05
여성의 목소리가 드높은 나라

　미국의 사회학자 울프는 가정에서 일어나는 여러 가지 일에 대해 누가 의사 결정을 내리느냐에 따라 부부 사이의 힘을 측정하였다. 그는 부부 사이의 권위 관계를 남편 우위형, 아내 우위형, 부부 일치형, 부부 자율형 등 네 가지 유형으로 분류하고 있다.

　부부 일치형이란 마치 신혼집에서 볼 수 있듯이 부부가 서로 의논하고 쌍방의 의견을 존중하면서 방침을 정하는 유형이다. 부부 자율형이란 남편은 남편에게 주어진 영역, 아내는 아내에게 주어진 영역에서 각자가 결정권을 갖고 서로가 상대방의 결정에 간섭하지 않으려는 유형이다.

　울프의 조사 결과에 의하면, 미국 사람들은 압도적으로 부부 일치형이 많았다 한다. 울프가 이용한 질문 몇 가지로 한국의 상식적인 경우와 비교해보기로 하자.

남편의 직업을 결정하는 사람은 미국이나 한국이나 자기 자신, 즉 남편이다. 아내가 친정에 갔다 돌아오는 시일을 정할 때 미국에서는 부부가 합의하지만, 한국에서는 아내가 희망이나 요구를 할 수는 있을망정 결정권을 갖는 사람은 남편이다. 아내가 직업을 갖느냐, 갖지 않느냐의 결정도 마찬가지다.

하지만 아내가 자신의 구두를 살 때 미국에서는 부부가 상의를 하지만 한국에서는 아내 혼자서 결정한다. 별반 고가가 아닌 전자 제품을 살 때도 그러하다.

저축의 방식이나 저축액에 대해서 미국은 일치형이지만 한국에서는 아내의 자율형이다. 1주일간의 식비를 얼마로 하느냐는 결정도 미국에서는 남편의 관여가 상식이지만 한국에서는 대체로 아내가 정한다. 아이가 아플 때 어떤 병원을 찾느냐에 대한 결정도 미국에서는 일치형이나 한국에서는 주로 아내가 정하는 자율형이다.

물론 같은 한국인이라도 가정에 따라 다르긴 하지만, 대체로 미국 부부들은 일치형인 데 비해 한국의 부부는 자율형이 많은 편이다. 가정에 있어 힘의 균형이나 균배라는 관점에서는 일치형이 이상적일 수 있지만 힘의 강약이라는 관점에서 보면 자율형 쪽이 보다 선명하다.

곧 가정의 일에 대한 의사 결정 측면에서 보면 경우에 따라서는 미국의 아내보다 한국의 아내가 힘이 더 강하다. 그 가장 큰 힘의 분수령은 집안 살림할 돈주머니를 누가 쥐고 있느냐 하는 문화의 차이다.

가정에 따라 차이가 많지만 대체로 미국에서는 돈주머니가 남편에게 있는 데 비해 한국에서는 아내에게 있다. 울프의 조사에 의하면, 미국 가정의 가계 관리권은 78퍼센트가 남편에게 있다고 한다. 중국 사람들도 돈주머니는 주로 남편이 쥐고 있다.

한국의 아내에게 부여된 주부권이란 가계 관리권, 가사 운영권, 생활 방식의 결정권, 아이들의 교육권을 포함한 것이다. 곧 남편이 벌어 오면 고스란히 월급봉투를 아내에게 맡기고 출납을 전적으로 전담케 하는 유수한 나라 측에 한국이 끼는 것이다. 돈주머니를 쥐고 재량대로 금전을 출납할 수 있으며 식사 메뉴, 쇼핑, 교제 등에 대한 의사 결정권을 쥐고 있다. 아이들의 과외나 특기 교육도 주로 아내의 재량에 달려 있다.

엄밀히 따져 보면 미국 가정의 모든 일들은 부부 공동 책임으로, 아내에게만 주어진 주부권은 거의 없다. 그런데 한국의 아내에게는 막강한 주부권이 주어져 있다는 점에서 볼 때 미국의 아내에 비해 '힘'이 강하다.

가계의 돈주머니를 남편과 아내 중 누가 쥐고 있는가는 이동성 유목·상업 민족과 정착성 농경민족의 경제 상태의 차이에서 비롯된 것이 아닌가 싶다. 농경민족의 재財는 갖고 다니기에 부적당한 곡물이다. 곧 곡물은 들판에서 수확하여 집에 들여다 놓으면 일정 기간 동안 그것으로 생계를 유지해야 한다. 그 움직일 수 없는 재물의 안정성 때문에 생활 관리를 아내에게 맡길 수 있다. 하지만 상업 민족의 재는 쉽게 이동할 수 있는 화폐이기에 출납이 빈번하다. 상업하는 당사자의 손에 직접 쥐어져 있어야 한다. 이 같은 유럽의 전통이 돈주머니를 남편이 쥐게 한 복합 이유 가운데 하나라 할 수 있다.

또 다른 문화적 배경을 살펴보면, 우리나라에서는 전통적으로 남녀의 성별 분업과 성별 역할 분담이 집 안팎으로 확연히 구분되어 있어 여자의 일, 남자의 일이 사회적으로 정해져 있다는 것을 들 수 있다.

그러하기에 집안일인 아내의 일에 남편이 관여하는 것은 남편의 체면에 관계되고 여자 측에서도 명예롭지 않게 생각했다. 자신의 권한에 속하는 일에 대해서만 책임을 지고 수행할 뿐, 상대방의 권한에 속한 일에는 쓸데없는 간섭을 하지 않는 남편과 아내를 훌륭한 남편이요 아내로 여겼다. 곧 가계의 주머니를 아내에게 맡기는 문화의 밑바닥에는 성별 분업이라는 한국 사회의 전통이 반영되고 있는 것이다.

가계가 부부의 공동 책임인 일치형 풍토에서는 남편이 돈을 적게 벌어온다고 해서 원망의 대상이 되거나 남편의 자격을 상실시키는 큰 이유는 되지 않는다. 하지만 집 안팎의 일이 나누어져 부부가 상대방의 일에 간섭을 기피하는 풍토에서는 남편이 돈을 못 벌어오거나 적게 벌어오면 가계권자(家計權者)인 아내로부터 원망과 바가지를 듣게 되며, 남편의 자격에 대한 결격 이유가 충분히 된다.

반드시 남편이 못 벌어오는 게 아니더라도 주부권자인 아내의 가계 규모를 남편이 충당하지 못할 때는 상대적으로 아내의 힘이 강해지고 남편의 힘은 약해진다.

역사적으로 한국 여성이 인간 이하의 목석 같은 대접을 받으면서도 그 사회적 압박을 다소나마 중화시킬 수 있었던 것은 주부권이라는 제한된 자유가 있었기 때문이다.

Chapter 05
너무도 인간적인 경영관리

 긴장감이란 사람이 새로운 상황에 접하게 되었을 때 그 상황에 대처하는 새로운 마음가짐에 자아라는 자아의식이 나타나는 것이다. 사람들은 매일 얼마간 변화 있는 삶을 영위하기에 그 변화에 따라 다소의 긴장감이 우러나고, 그에 응하는 적당한 자아의식이 유지된다. 또 그럼으로써 살맛이 나고 사는 보람도 느낀다.

 기계적 작업은 이 긴장감을 박탈한다. 동작 자체에 숙련되어 손쉽게 해낼 수 있을수록 단조로움이 강해지고 자기감정은 약해진다. 단순 작업의 경우 콧노래를 부르거나 잡담하는 것은 작업을 리듬 있게 이끌어 권태를 감소시킬 뿐 아니라 노래하는 자신, 이야기하는 자신이 단조로움에 휘말려 상실하고 있는 자신을 탈환하는 비장한 수단이기도 하다.

 이같이 인간이 단조로운 작업 때문에 기계화될 때 그로부터 일어나는 자기소외는 비단 기계를 취급하는 노동자의 경우에만 국한되는 것이 아니다. 화이트칼라의 사무직에도 매일같이 되풀이되는 기계 같은 업무는 똑같은 단조로움을 불러일으킨다. 단지 오피스의 경우 그 단조로움을 중단시킬 기회가 단순작업보다 많다는 차이는 있지만, '사무적'이란 말이 암시해주고 있듯 생각하고 느끼는 주체로서의 자기 상실, 기계화를 모면할 수는 없다.

 곧 공장이나 회사나 관청 등지에서 인간의 기계화는 예외 없이 피할 수없는 숙명이다. 이 심각한 인간소외가 작업 능률을 높이는 데 암적인 병폐임은 두말할 나위가 없다. 결국 앞으로 유능한 경영 관리란 어떻게 이 소외감을 약화시키고 극소화시키느냐에 달려 있다 해도 과언이 아니다.

 서구에서는 환경 관리·인간 공학·노동심리 관리·적성 관리 등 합리적이고 과학적인 방법으로 그 극소화를 도모하고 있으나 사실상 그런 것들이 미치는 효과는 객관적인 접근이란 점에서 오히려 인간성을 해치는 반발을 수반하는 부작용을 내포한다. 곧 인간적이고 정적으로 소외감을 약화시키는 것이 아니라 기계적으로 약화시키려는 것이 서구 인간경영의 요지다. 서양인의 의식구조는 기계적 접근에 속하고 한국인의 의식구조는 인간적 접근 측면에서, 인간 소외를 회복시킬 가능성은 한국인에게 있다.

한국인은 직장에 취직할 때, 다시 말해 한 집단의 구성원이 될 때 인간적인 귀속을 한다. 서양인은 자신의 능력·기술·특기·노동시간·노동량 등을 감안하여 합당하면 계약을 맺는다. 곧 직무에 국한하여 취직한다는 점에서 차이가 있다. 그러나 집단에의 전 인간적인 귀속이란 바로 직무적인 면뿐 아니라 개인적인 관심사, 장래희망, 개성, 기호, 취미 그리고 가족에 이르는 모든 일의 포괄상태로 집단에 귀속하고, 그 집단 속에서 문제가 해결되고 성취되길 바라는 상태를 말한다.

그러기에 서구의 경우 집단 속에서의 좌절이나 불만은 직무에 관한 일에 국한되는 데 비해 한국인의 좌절과 불만은 무한히 확대된다는 결점도 있다. 반면에 그 많은 확대 속에서 어느 하나가 충족되거나 희망이 주어지면 전 인간적인 투사로 괄목한 만한 능률을 올린다.

서구처럼 객관적인 관리를 하면 능률은 10퍼센트 이상 웃도는 법이 없다. 하지만 인간적인 경영에 자극받아 전 인간적이고 주관적인 마음가짐으로 작업에 임하면 그 노동의 질이나 능률은 100퍼센트 이상을 웃돈다.

한 연구 보고에 의하면, 같은 단위 시간 안에 기계적으로 하는 작업량과 정성껏 지知, 정情, 의意를 총동원한 자발적이고 주관적인 작업량은 최고 350퍼센트까지 차이가 난다고 한다. 서양인의 합리적인 견적으로는 도저히 불가능한 공사를 한국인이 해낼 수 있는 저력도 바로 이 같은 전 인간적인 귀속을 잘 배려하여 전 인간적인 투사를 유도해낸 데서 비롯된 것이다. 그러기에 직장이나 집단에서 한국인을 관리할 때는 비단 직무나 비즈니스 면뿐만 아니라 그가 맡고 있는 직무 외의 모든 인간적인 상황을 통찰하고 이해하고 탐지하여 그 상황을 잘 관리해 주어야 한다.

이처럼 한국인은 한 집단에 소속될 때 전 인간적인 소속을 하기 때문에 직무 면만을 경영해서는 안 된다. 조직 커뮤니케이션 심리의 미묘한 맥락을 배려함으로써 인간 경영을 아울러 병행해야 한다. 한국인은 누구나 어떤 집단의 멤버로서 그 속에 들어가 있는 이상은 그 인간관계의 그물에서 단 한걸음도 빠져나갈 수가 없다. 이 같은 중요한 특성을 지니고 있음에도 불구하고 적지 않은 집단에서 인간 경영을 소홀히 하고 있다. 이 분야의 경영 개발로 보다 많은 미개척의 경영 효과를 노릴 수 있어야 할 것이다.

사람이 만드는 집단에서는 그 집단을 구성한 멤버의 상호관계로써 인간관계가 형성되며, 이 집단 내 인간관계는 한국인의 의식구조상 대단히 중요한 뜻을 갖는다. 물론 외국인 집단이나 직장에서도 인간관계는 중시되지만 직무관계보다는 덜 중요한 데 비해 한국인의 집단에서는 직무관계보다 인간관계가 더 중요하다.

Chapter 05
뽕도 따고 임도 보는 묘미

공사가 불분명한 한국인의 원숭이 생리를 꼭 비난만 할 수는 없다. 한국인의 원숭이 의식구조도 미래 사회에는 플러스적인 가치를 지닐 수 있기 때문이다. 이를테면 서양에서는 면회시간도 몇 시 몇 분으로 딱 잘라, 그 조금 이전이나 이후에 가면 실례가 된다. 그러나 이런 방법이 다양화하는 앞으로의 사회에서는 합리적일 수 없다.

예전에 내가 외국에서 한 미국인 학자를 만나기로 약속하고 자택을 방문한 적이 있었는데, 약속 시간 5분 전에 도착해서 벨을 눌렀다. 잠시 후 부인이 나오더니 지금 자기 남편은 커피를 마셔야 하는 중요한 시간이라면서 머뭇거리는 모습을 보니 5분 후에 다시 오라는 눈치 같았다. 그들에게는 그것이 당연한 사고방식인지 몰라도 한국인인 나는 이 같은 행위에 모욕을 느끼지 않을 수 없었다. 그래서 나는 상대방이 불쾌하지 않을 만큼 변명한 후 돌아와 버렸다. 그런 모멸감을 지니면서까지 만나야 할 필요는 없었기 때문이다.

비단 이 같은 악감정을 야기하는 일 이외에도 교통 사정 등으로 불가피한 시간의 손실이 있을 수 있다. 그러기에 서양식으로 2시에 만나자고 하기보다 한국식으로 2시쯤 만나자고 하는 편이 합리적일 수가 있다. 옛날처럼 사회생활이 단순하고 또 사회 전체의 리듬이 잘 맞아 주면 몰라도, 현대처럼 사회가 가로 세로로 교차된 복잡한 상태에 이르면 사회 전체의 리듬이 어긋나기 쉽다. 그러기에 한국적인 약간의 완충된 애매성이 오히려 합리적이 된다.

이처럼 한계의식이 발달한 서양인과 한계의식이 모호한 한국인의 의식구조 차이는 시간 아닌 공간에서도 완연하게 드러난다.

시골에서는 말할 나위도 없고, 도시에서도 예고 없이 "계십니까?" 하고서 불쑥 남의 집을 방문하는 것이 다반사요, 오히려 상대방에게 방문한다는 예고가 주는 대접의 부담을 덜어주는 뜻에서 이 불의의 방문은 윤리의 뒷받침마저 받고 있다.

괌에서 미국인 농장과 이웃하여 농장을 경영하는 한 한국인을 찾아갔을 때의 일이다. 이 한국인이 갑자기 대화를 멈추더니 총을 가지고 나와 창 밖에서 노는 이웃 미국인 소유의 돼지새끼 한 마리를 사살하는 것이었다. 그러고 나서 통쾌하게 웃음을 터트렸다. 내가 놀라

쳐다보니 그가 웃으며 그 사연을 말해주었다.

미국 사람은 프런티어 시대의 정신이 체질인 한계, 곧 경계 의식이 어찌나 강한지 자기 농장 안으로 이웃집 가축이 침입해오면 바로 사살한다는 것이다. 이 강한 경계의식 때문에 이웃한 한국인의 닭이 세 마리, 강아지 한 마리가 사살 당했고, 그럴 때마다 항의하러 갔다가 오히려 무안만 당했다고 한다.

보복의 기회만을 노려오다가 마침내 그 미국인 소유의 돼지새끼가 복수할 기회를 만들어 주었으니 그 어찌 통쾌하지 않겠는가. 무고한 가축의 살상이라는 비극도 고사한 이 미국인의 한계의식은 어떠한 관점에서 보더라도 플러스적인 가치일 수는 없는 것이다.

아기 보면서 불 지피고, 물레질하며 신세타령하고, 산에서 놀며 명당明堂 찾고, 뽕 따면서 임도 보고, 일하면서 공부하고, 담배 피우면서 글을 쓰는, 그런 '무엇 하면서, 무엇 한다'는 것도 이 한계의식의 부정이요, 벌거숭이 원숭이의 소치로서 한국인의 전통적 지혜요 저력이라 할 수 있다.

이같이 '무엇 하면서 무엇 하는' 절충과는 달리 한계 짓고 분리시키고 분리한 것에 자기를 집중시켜 나가는 근대 서양의 방식은 철저히 해낸다는 장점은 있으나 융통성이 없고 배타적이며, 고립무원의 경지에 빠진다는 결점을 안고 있다.

한국인은 생활의 리듬을 한국적인 특질 속에서 찾아 서구와는 다른 새로운 기준을 세워 가야지, 무턱대고 서구의 리듬에 열등감을 가질 필요는 없다. 아무리 원숭이가 흉내를 잘 낸다지만 하루아침에 육식 동물이 될 수는 없다.

Chapter 05

시각보다는 촉각이 중요한 민족

성불사의 밤에 주승主僧은 잠이 들고 풍경 소리는 객이 홀로 듣다가 객마저 잠들고 혼자 울게 한다.

비단 성불사의 밤뿐만 아니라 풍경 소리는 한국인에게 자장가와도 같다. 그렇지만 뉴욕이나 파리의 주택가에 이 풍경을 달고 산다면 근린소음近隣騷音이라 하여 당장 피소될 것이다. 풍경소리는 1미터 거리에서 70폰, 8미터 거리에서 52폰으로 여느 상점가의 소음인 50~60폰과 맞먹기 때문이다.

한국인이 이 풍경을 용납하는 것은 그것을 폰으로 측정하는 과학적 소리가 아니라 감성적으로 파악하려는 어떤 의식이 작용하기 때문이다. 한국인은 감각으로 포착하지 못하는 추상적인 사물을 구상적으로 파악하기를 좋아한다. 이를테면 보이지 않는다고, 보이지 않게 그대로 두지 않는다. 그것을 감각으로 감지하게끔 풍경으로 잡아 소리를 내게 한다. 이를테면 무형의 바람을 감각적으로 포착하고서 자족하는 것이다.

한말의 선교사 게일은 문설주와 문짝 사이에서 너펄거리는 문풍지 소리 때문에 밤새 잠들지 못했다고 한다. 그는 문풍지 소리에 둔감한 한국인을 이해할 수 없다고 의아스러워했다. 만약 한국 사람이 서양 사람처럼 이 두 가지 소리를 시끄럽게 여겼다면 수천 년 동안의 시행 착오에서 이 소리는 벌써 사라졌을 것이다. 그런데도 그것들이 살아 남았다는 것은 그 소음이 한국인의 의식구조에 영합됐기 때문이라 할 수 있다.

문풍지를 소재로 시 한 수쯤 짓지 않은 옛 시인이 없을 만큼, 또 고향 생각에서 가장 빈번하게 문풍지가 등장하는 것은 그것이 한국 집의 가옥 구조상 없앨 수 있는 산물로서가 아니라, 풍경처럼 한국인의 어떤 의식 작용이 그렇게 한 것이 아닌가 생각된다. 곧 문풍지와 풍경은 눈에 보이지 않는 자연인 바람을 소리로 구상화시키는 감각적 포착을 위한 미디어다.

바람이라는 자연, 그것을 미디어를 통해 변용하면서까지 융화를 도모하는 민족이 바로 한국인이다. 그러기에 문풍지 소리는 한국인의 풍류요 낭만이며, 풍경 소리는 한국인의 미의 요소로 성숙할 수 있었던 것이다.

 한국인은 분명히 서구 사람보다 육체나 감정 등 촉각으로 사물을 파악하는 데 길들어 있다. 한국어 가운데 신체적인 기능 비유의 어휘가 많은 것도 이 촉각적 성향 때문이다.

 욕망을 억제하고 있는 불안정한 상황을 '근질근질하다' 하고, 자극적인 상황을 '따끔하다'라고 피부 감각적으로 표현한다. 늙었다는 표현을 '귀밑머리가 희다' 하고, 사물의 분별력이 약한 것을 '눈이 멀었다'고 한다. '머리털같이 많은 날'이며 '머릿수를 맞추는 것'이며 '배알이 꼴린다'는 것도 그것이다. 심지어 사랑하는 표현을 할 때 '눈이 맞는다'고 한다.

 또한 친밀도를 강조하는 말로 '간(肝)을 빼준다' 하고, 증오를 강조할 때는 '간에 옴이 옮아 긁지 못하는' 경지로 비유한다. 그뿐이랴, 줏대 없는 것을 '쓸개가 없다' 하고, 실없는 사람을 '허파에 바람 들었다'고 하는 등 내피부적 촉각마저도 서슴없이 비유한다. 모든 추상적 상황 묘사를 이같이 피부 감각으로 구체화하는 것이다. 일상생활에서 이런 말들을 쓰지 않는다고 해서 대화가 통하지 않는 것은 아니지만 그 생동감이 퇴색하고 만다.

 버트런드 러셀이 'She is hot'이란 말에 대한 의미 분석을 두고 고민한 논문을 읽은 적이 있다. 'I am hot'은 내가 느끼니까, 'You are hot'은 포옹하면서 내가 느낄 수 있으니까 가능하지만, 3인칭 감정의 주관적인 표현은 영어 구문상 불가능한 것이다.

하지만 한국말로 '그녀는 슬프다'는 말은 나를 본위로 하여 그녀가 슬프게 보인다는 뜻으로, 영어로는 불가능하지만 한국말로는 자연스러운 표현이다. 날카로운 감촉의 전통을 지닌 한국인의 말은 자타의 촉감을 엄하게 구별할 필요가 없다. 따라서 러셀 경이 한국에서 태어났다면 이 말을 두고 고민할 필요가 없었을 것이다.

서구인은 상대편과 몸을 부딪칠 염려가 있거나 우연히 부딪치면 반드시 '익스큐스 미'나 '소리'라고 말한다. 그것은 접촉을 불쾌하게 여기고 하나의 작은 사고로 인식하기 때문이다. 이에 비해 한국인은 고의가 없다면 부딪쳤다고 해서 미안해하지 않는다. 그러기에 버스나 지하철에서 얽히고설켜 좌충우돌하며 오르내리면서도 서구인처럼 불쾌해하지 않는 것이다. 곧 버스나 기차의 초만원은 한국적이기에 지탱해낼 수 있다.

이 같은 피부 접촉에 대한 관용은 바로 촉각형 의식구조의 소산이 아닌가 싶다. 겨울날 따듯한 아랫목에 요를 깔고 온 식구가 발을 묻는 단란함은 한국인의 향수 가운데 하나다. 곧 피부 감촉적 향수다. 옛 주막방에서 낯선 손님끼리 한 방에 어울려 쿨쿨 잠잘 수 있었던 것도 이 감촉적 체질 때문인 것이다.

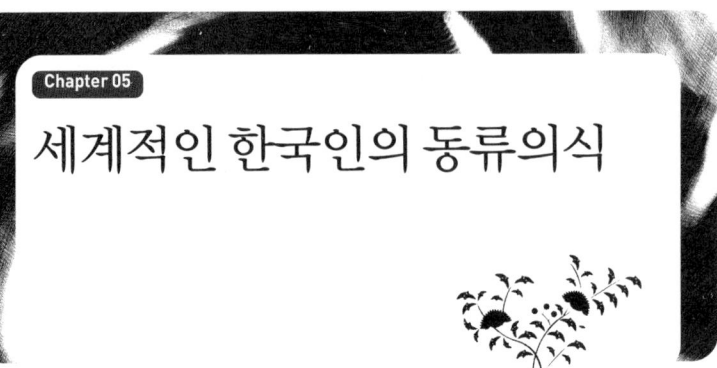

Chapter 05
세계적인 한국인의 동류의식

    장사를 잘하는 상인으로 흔히들 그리스 상인과 유대 상인, 그리고 인도 상인을 든다. 그들은 동양인에게는 동류의식만 잘 촉발하면 물건을 산다는 것을 체험적으로 알고 있다.

    그리스 여행 때 나는 민가에서 자취를 하면서 석 달 동안을 돌아다녔다. 자취를 하다 보니 아침저녁으로 가게에 물건을 사러 드나들게 되었다. 그리스가게에 들어서면 상인들이 무엇을 필요로 하느냐고 묻기 전에 어느 나라 사람인가를 묻는다.

    한국 사람이라고 대꾸하면, 대부분의 상인들이 "오, 마이 브라더!", "오 마이 프렌드!" 하며 끌어안고 호들갑스럽게 키스를 하려 들었다. 나의 선조가 그리스인과의 튀기가 아니고서야 그 많은 브라더가 그리스에 널려 있을 수는 없는 일이다. 처음 들르는 그리스에 그렇게 많은 나의 브라더와 프렌드가 널려 있게 된 데는 그들 나름의 희한한 논리가 있었다.

한국전쟁 때 그리스군 1개 중대가 UN군 산하로 우리나라에 주둔했다. 한국에 주둔했던 그리스 병사 가운데 누군가가 이 상인의 브라더가 되고 프렌드가 된다는 것이다. 곧 나의 브라더와 프렌드가 종군했던 나라, 그 나라에서 온 너, 그러니 너와 나는 전혀 모르는 남이 아니지 않느냐는 논리였다.

그들에게는 어떤 명분이건 끌어안고 친근감을 보일 수 있는 명분만 있으면 되는 것이다. 끌어안은 명분이 아무리 하찮더라도 안기기 이전과 안기고 난 후가 전혀 달라져 있는 것이 한국 사람이다. 왜냐하면 동류의식이 강한 사람이 동류의식을 촉발당하면 인간관계에 약해지는 법이기 때문이다.

물건을 사러 가게에 들어갔을 때 사는 경우보다 사지 않는 경우가 더 많다. 왜냐하면 디자인이나 색상이 마음에 들지 않는다든지, 다른 가게에 가면 보다 싸게 살 수 있을 것이라는 생각이 들기 때문이다.

나도 안기지만 않았던들 사고 싶지 않으면 아무런 정신적 부담 없이 그냥 그 가게에서 나올 수가 있었을 것이다. 그런데 한번 끌어안기고 나니까 웬만하면 사게 되고, 영 그 물건이 사고 싶지 않으면 엉뚱한 담배 한 갑이나 코카콜라라도 한 병 마셔야만 부담 없이 나올 수 있었다.

그리스 사람들이 백인들에게도 동류의식을 촉발하는가 유심히 관찰했지만 백인들과는 상거래 이외의 어떤 말도 주고받는 것을 목격하지 못했다. '오, 마이 브라더!'가 아니라 '오, 마이 파파!'라고 한들 백인들은 사고 싶지 않은 물건은 사지 않는다는 것을 체험적으로 너무나 잘 알고 있기 때문이다.

그리스 상인들은 가게 안에 들어온 사람에게나 동류의식을 촉발하려 들지만 유대인들은 동양 사람이 자기 가게 앞을 지나가기만 해도 동류의식을 촉발하러 걸어 나온다.

베들레헴의 선물 가게 앞에서 겪었던 일이다. 그 앞을 지나가고 있는데 40대의 가게 주인이 나오더니 나를 올려다보며 "코카콜라, 펩시콜라?" 하고 묻는 것이었다. 내가 콜라병으로 보였을까, 아니면 콜라를 무척 먹고 싶어 하는 표정으로 보였던 걸까.

그것이 무슨 은어일 것이라는 직감은 들었지만 알 길이 없었다. 미친 소리로 지나쳐버리면 되긴 하지만 직업이 신문기자인 이상 내가 모른다고 모두 지나쳐버리기만 하면 기삿거리가 생기지 않기에, 모르는 일에 끼어든 데는 나도 직업적으로 도사가 되어 있던 터였다.

"코카도 좋고 펩시도 좋다"고 대꾸했더니 이 유대인은 눈을 부릅 뜨고 입술 가장자리에 게거품을 뿜으며 "어떻게 두 개를 다 선택할 수 있느냐, 하나만 선택해야지" 하고 화를 내는 것이었다.

무엇인지 모르지만 잘못 짚었다고 여긴 나는, 하나만 선택하라기에 "코카콜라"라고 대꾸했다. 그러자 그토록 나에게 화를 내던 상인이 갑자기 상냥해지면서 "오, 마이 브라더!" 하며 끌어안고 볼을 비비려 드는 것이었다. 영문을 몰라 당황해하고 있는데 나를 안내하던 유대인 대학생이 와서 귀띔해주었다.

'코카'와 '펩시'는 이스라엘의 성지聖地 지방에서는 누구나 다 알고 있는 은어로, 코카콜라는 가톨릭을 뜻하고 펩시콜라는 프로테스탄트를 뜻한다는 것이다.

동양 사람이 성지에 왔으면 대부분 기독교도일 텐데 내가 '코카'로 대답했기 때문에 가톨릭을 믿는 것으로 받아들여졌으며, 그 말을 듣고 그토록 호들갑스럽게 끌어안은 이유는 나도 가톨릭을 믿는다, 비록 인종이 다르고 민족이 다르더라도 같은 종교를 믿으니 형제간 아니냐는 의미다. 즉 같은 종교를 믿는다는 것으로 동류의식을 촉발해 가게로 끌고 들어가려 했던 것이다.

장사 잘하는 그리스 상인과 유대인 상인은, 동양 사람은 동류의식이 강하다는 것을 체험적으로 알고 있기에 이처럼 장사에까지 응용하고 있었던 것이다.

절망을 희망으로 바꾸는
한국인의 힘 1

초판 1쇄 인쇄 2009년 3월 25일
초판 1쇄 발행 2009년 3월 30일

지은이 이규태
펴낸이 신원영
펴낸곳 (주)신원문화사

편 집 김은정 김준균 장민정 김진희
디자인 송효영 김기현
영 업 윤석원 이정민 임헌
총 무 양은선 김희자 김은진 정하영
관 리 조경화

주소 서울시 강서구 등촌1동 636-25
전화 3664-2131~4
팩스 3664-2130
출판등록 1976년 9월 16일 제5-68호

* 파본은 본사나 서점에서 교환해 드립니다.

ISBN 978-89-359-1480-7 03810